DÉMOSTHÈNE

DISCOURS D'APPARAT

ÉPITAPHIOS - ÉROTICOS

COLLECTION DES UNIVERSITÉS DE FRANCE
publiée sous le patronage de l'ASSOCIATION GUILLAUME BUDÉ

DÉMOSTHÈNE

DISCOURS D'APPARAT

ÉPITAPHIOS - ÉROTICOS

TEXTE ÉTABLI ET TRADUIT
PAR
ROBERT CLAVAUD
Chargé d'enseignement à l'Université de Limoges

Deuxième tirage

PARIS
LES BELLES LETTRES
2002

Conformément aux statuts de l'Association Guillaume Budé, ce volume a été soumis à l'approbation de la commission technique, qui a chargé M. Robert Klaerr d'en faire la révision et d'en surveiller la correction en collaboration avec M. Robert Clavaud.

95 boulevard Raspail, 75006 Paris
www.lesbelleslettres.com

Première édition 1974

ISBN : 2-251-00090-9
ISSN : 0184-7155

INTRODUCTION

Les derniers tomes de cette édition de Démosthène contiendront la fin de la collection (*Œuvres d'apparat*, *Prologues*, *Lettres*) et les fragments. Ces œuvres étant moins connues que les autres seront munies de notices plus développées. D'autre part, leur tradition manuscrite, un peu spéciale, requiert des remarques générales qu'on trouvera rassemblées à la fin de cette introduction.

*
* *

Ce volume comprend les deux œuvres de Démosthène qui relèvent du genre démonstratif ou épidictique. Elles formaient déjà une section à part dans l'antiquité, peut-être dès l'époque de Callimaque : en tout cas elles se trouvent reléguées après les plaidoyers privés dans le manuscrit F de Venise dont le classement, tout rhétorique, a servi de modèle aux Aldes, et elles restent toujours réunies [1] dans les manuscrits, indépendants de celui-ci, qui ont brouillé cet ordre, ou qui n'ont conservé qu'une partie du Corpus.

Leur isolement à la fin de la collection, leur rhétorique plus formelle que celle des *Harangues*, expliquent la défaveur, sans doute injuste, où elles sont tombées et la polémique, parfois violente, suscitée par leur prétendue

1. Les manuscrits de la première famille les donnent dans l'ordre *Eroticos*, *Epitaphios*; ceux de la seconde, dont F, dans l'ordre inverse, que l'on trouve déjà dans les ouvrages de Denys d'Halicarnasse, de Libanius (voir les références *infra*, p. 85, n. 1 et 2). La stichométrie qu'on relève à la fin de ces opuscules dans certains manuscrits, remonte, avec ses chiffres attiques, à l'époque alexandrine : cf. C. Wendel, *Die griechisch-römische Buchbeschreibung*, p. 35. C'est pour ces opuscules une preuve sinon d'authenticité, du moins d'ancienneté.

inauthenticité. Je ne m'engagerai pas dans cette voie. Outre qu'il est un peu naïf de s'échauffer pour des sujets si lointains, il me semble qu'à entamer l'étude d'une œuvre controversée en traitant d'abord les problèmes d'attribution, on emboîte le pas aux contestants et l'on renonce à ce droit, que revendiquait Démosthène, de « laisser chaque partie libre d'utiliser le plan de son choix [1] ». J'ai étudié les œuvres sans prévention, laissant les conclusions seules parler pour ou contre l'authenticité.

*
* *

Pour l'établissement du texte, j'ai collationné moi-même, (presque toujours directement), cinquante-huit manuscrits sur les soixante-quatre révélés par l'Inventaire récent de L. Canfora [2]. Il apparaîtra dans les *Notices* que pour les œuvres épidictiques, les manuscrits se classent en deux familles et non pas en quatre et que le manuscrit S ne mérite nullement la place hors de pair qu'on lui fait souvent usurper pour d'autres œuvres. On indiquera ci-dessous la liste des manuscrits retenus pour cette édition, ne donnant quelques détails que sur ceux qui n'ont pas été utilisés dans les volumes précédents.

Première famille.

S. — *Parisinus graecus* 2934; de 890 env. Nombreuses hésitations du copiste, qui a laissé quelques blancs et introduit des corrections fort habiles de première main. Quelques corrections, d'une encre un peu plus foncée, sont d'un diorthote contemporain. Autres mains plus

1. *Sur la Couronne*, 2.
2. J'excepte les n°s 21, 86, 88, 89, 97, 236 de l'*Inventario dei manoscritti greci di Demostene*, de L. Canfora (Padoue, 1968), tous manuscrits récents, sauf le n° 97 (*Londiniensis Harleianus* 6322, du XIIIe s.) qui était à la reliure. Pour le *Monac. gr.* 85, copie, sans doute directe, de F, on peut s'en remettre aux collations antérieures, comme aussi à l'étude de F. Burger, *Der codex Bavaricus* (*Monac.* 85) *des Demosthenes* (voir L. Canfora sous le n° 122).

récentes. Je désigne par S^{pc} (ou S^{ec} quand le premier jet est illisible) les corrections du premier scribe ou du diorthote et par S^2 les corrections plus tardives. Pour l'orthographe, voir plus bas p. 5. — Pour notre section, on ne lui connaît aucun apographe ou autre descendant (*Eroticos*, 503-509^v; *Epitaphios*, 510-514^v).

Y. — *Parisinus graecus* 2935; de 940 env. Quelques mains plus récentes; importance particulière de celle qui, à la fin du XIIIe s., a aligné le texte sur celui de la deuxième famille (sans doute sur F) avec une encre qui a viré au vert, rendant le texte primitif souvent méconnaissable; je la désigne par Y^2 (les autres mains sont peu importantes). (*Eroticos*, 277-283; *Epit.*, 283^v-287^v).

C. — *Ambrosianus* C 235 inf.; fin du XIIIe s. Reproduit littéralement Y avant l'intervention de Y^2; utilisé dans l'apparat pour restituer Y^1 illisible. Ne remplace pas ailleurs Y^1 dont les repentirs sont fort instructifs (*Erot.*, 231-236; *Epit.*, 236-239) [1].

P. — *Laurentianus* 59, 9; de 960 env. (*Epit.*, 42-46^v).

D. — *Ambrosianus* D 112 sup.; fin Xe s. (*Erot.*, 212-218); les pages 212-215^v (du début au § 35, **πράγματος**), sur des feuillets de remplacement du XIVe s.

r. — *Parisinus gr.* 2936; début du XIVe (*Erot.*, 184^v-188; *Epit.*, 188-190^v).

W. — *Vindobonensis phil. gr.* 105; de 1300 env. Copié sur le même modèle perdu que r [2] (*Erot.*, 115-117, *Epit.*, 117-118^v) [3].

1. Le manuscrit O (*Bruxellensis* 11294-11295) de 1480 env. est inutile : c'est la copie tardive du texte de Y^2 (il reproduit sans la combler une lacune de Y dans les *Prologues*, due à la chute d'un feuillet entre la p. 291^v et 292^r : le manuscrit C a été copié avant cette chute, postérieure au XIIIe siècle).

2. Voir les *Notices* de l'*Epitaphios*, p. 44 et de l'*Eroticos*, p. 92.

3. Ce manuscrit est la source du *Marcianus gr.* 420 (de 1340 env.), lui-même modèle de l'*Urbinas gr.* 115 (de 1440

v. — *Parisinus Coislinianus* 339, xve s. (*Erot.*, 343-347^v; *Epit.*, 347^v-351). Notre section est écrite sur des feuillets rapportés d'une date « légèrement postérieure » (R. Devreesse). Deux feuillets anciens de l'*Eroticos* (relégués p. 365-366) montrent que leur texte (de **κα]λλίστων,** § 22, à **ὅσῳ γὰρ,** § 40) est identique pour des leçons décisives à celui de la nouvelle copie. Le texte de v est très important pour l'*Eroticos.*

Deuxième famille

F. — *Marcianus gr.* 416 (*coll.* 536); de 935-945 env. Nombreuses variantes de première main (originaires en général de la première famille) soit marginales, soit interponctuées pour les variantes d'une lettre [1] (*Epit.*, 297-300; *Erot.*, 300-304^v) [2].

env.), filiation prouvée par l'histoire du texte des *Prologues*. Aux deux manuscrits r et W s'apparentent deux manuscrits du xve siècle, le *Laurentianus* 59,8 et le *Palatinus Vaticanus gr.* 172, qui toutefois ne sont pas copiés sur eux, mais sur un manuscrit intermédiaire et perdu, porteur de leçons particulières, qu'il faut considérer comme d'heureuses conjectures du scribe de ce manuscrit : voir *Eroticos*, 8 la lecture ὄνθ' pour οὔθ', qui n'est autre chose qu'une lecture rectifiée d'un texte mal écrit sans doute dès l'archétype. Le *Palatinus gr.* 68, indépendant de tous les manuscrits cités ci-dessus, donne aussi cette leçon. — Pour les discours 8 et 9, D. Irmer est arrivé à des conclusions identiques sur les rapports de r avec le *Laurentianus* 59,8 et le *Palat. Vatic. gr.* 172 (voir *Zur Genealogie der jüngeren Demostheneshandschriften*, Hamburg, 1972, p. 85).

1. Ce type de variantes interponctuées ne se trouve que dans quelques vieux manuscrits en minuscule : c'est là le vestige d'un procédé qui remonte à l'antiquité et qu'on retrouve dans les papyrus : voir le Sophocle de A. Dain, t. I (Les Belles Lettres), p. xxix. L'apparat reproduit ce type de notation (voir par ex. *Epitaphios*, 10).

2. Pour le manuscrit B (*Monac. gr.* 85) apographe de F, voir *supra* p. 2, n. 2. Quant au *Vaticanus gr.* 69, c'est une copie de F dont il incorpore les variantes et reproduit les bévues. Enfin, sur le *Vaticanus gr.* 2207, voir *infra*, p. 42, n. 2.

Q. — *Marcianus gr.* 418 (*coll.* 312); fin xe s. Descend du même original que F; incorpore souvent dans le texte les variantes marginales ou interponctuées de F (*Epit.*, 323-329^v; *Erot.*, 329^v-339).

L'apparat est positif quand les manuscrits se séparent en plus de deux groupes, ou lorsque la séparation en deux groupes ne coïncide pas avec celle des familles. En revanche, lorsqu'une famille (FQ par ex.) s'oppose à tous les autres manuscrits, je n'ai pas hésité à désigner ces manuscrits par *cett.*, par ex., *Epit.*, 12 :

ὅ τι FQ : τί cett.

Il en résulte une brièveté qui fait mieux ressortir l'originalité d'une leçon. Il est bien entendu que par *cett.* j'entends les seuls manuscrits qui figurent dans les sigles. J'ai désigné par leur cote les manuscrits cités occasionnellement.

Pour l'orthographe, je m'en suis rapporté à l'enseignement de K. Meisterhans, dans la troisième édition donnée par E. Schwyzer de sa *Grammatik der Attischen Inschriften* (1900) et à l'étude de A. Debrunner, *Das Augment* ἠ, parue dans la *Festschrift für Fr. Zucker* (Berlin, 1954), p. 85-110. Démosthène vivant à une époque de transition, j'ai adopté pour l'augment, en cas de divergence des manuscrits, l'orthographe la plus ancienne (ἐβουλόμην, ἔμελλον). Pour les hiatus qui n'entrent pas dans les cas tolérés, je ne les ai pas toujours supprimés par l'élision, si elle était possible, m'en remettant sur ce point à l'accord des manuscrits, qui doivent ici reproduire la tolérance orthographique des anciens pour la prose, sans qu'on puisse rien en conclure sur leur prononciation. Pour les cas où la morphologie est intéressée, j'ai rétabli l'orthographe correcte, par ex. μεμιγμένης, (*Epit.*, 18) et συμμείξαντες (*Epit.*, 20), sans indiquer dans l'apparat les variations des manuscrits. Pour ce qui regarde S, son orthographe en impose à tort aux éditeurs qui se laissent abuser par la prétendue supériorité de son texte. L'accentuation, comme il arrive dans les manuscrits du ixe siècle, en est fort souvent absente. En outre le scribe use constamment d'une orthographe phonétique, mettant indifféremment η, ει et quelquefois ι, écrivant αι pour ε ou inversement. Toute édition complète de Démosthène devrait reproduire les pages où Voemel, en tête de son édition de 1845, indique les particularités de ce manuscrit. Or aucun éditeur n'en tient compte. Si ce manuscrit contre toute logique donne λειπων (*sic*) contre λιπών, entendez que le scribe comprenait λιπών qu'il a transcrit λειπων sans accent [1]. C'est à contre-cœur que j'ai signalé de pareilles singularités dans l'apparat.

J'ai pris soin d'indiquer au haut des pages les références à l'édition Reiske (éd. de 1770-75 des *Oratores attici*), utilisées encore dans le dictionnaire de Bailly.

Il me reste pour terminer à exprimer ma reconnaissance à MM. Humbert, Defradas et Irigoin pour les précieuses corrections qu'ils m'ont suggérées, à G. Rochefort pour l'expertise minutieuse de plusieurs mains embarrassantes, à P. Bertrac, Chr. Le Roy et P. Thillet pour leur érudition libérale et leurs conseils nets et pratiques. Mon réviseur, M. Klaerr, outre les étourderies et négligences que sa lecture attentive m'a signalées, m'a suggéré nombre d'améliorations dont j'ai fait mon profit et dont j'ai le plus grand plaisir à le remercier publiquement. Puisse ainsi cette édition ne point trop desservir la mémoire de mon maître A. Dain qui m'en avait confié le soin peu avant sa disparition.

1. Dans l'*Epitaphios*, 3, les éditeurs qui mettent παραλείπων dans l'apparat au lieu de παραλειπων dénaturent les faits; de même ceux qui lisent dans le *Contre Leptine*, 129, καταλείπειν au lieu de καταλειπειν (équivalent du καταλιπεῖν des autres manuscrits).

ÉPITAPHIOS

(ORAISON FUNÈBRE)

NOTICE

I

L'ŒUVRE

Ce qui nuit le plus à la compréhension de cette *Oraison funèbre*, ce sont les excès de l'histoire littéraire et de la polémique. Ou bien on l'étudie à son rang dans la série des discours analogues [1], ou bien on la confronte d'emblée avec les grandes œuvres de Démosthène, en particulier le discours *sur la Couronne* [2]. Dans le premier cas, son originalité se noie dans le cours d'un exposé général; dans le second, son peu d'éclat, comparé à la fougue habituelle de Démosthène, fait crier le plus souvent à la falsification. Peut-être le mieux est-il encore de la tenir pour authentique sous bénéfice d'inventaire, et de régler son étude sur le texte que nous lisons, et non sur les autres discours qu'on a allégués pour le ruiner ou le défendre. Mais, avant de procéder à cet examen, on mettra à profit le conseil que Démosthène donne aux Athéniens pour juger sa politique, et qui consiste à « considérer chaque fait en tenant compte des circonstances et du moment »[3]. Il faudra évidemment, dans ces préliminaires, donner le pas aux sources étrangères à l'*Oraison funèbre*. Il y aurait

1. Voir surtout H. Caffiaux, *De l'Oraison funèbre dans la Grèce païenne*, Valenciennes, 1861, p. 102-124; G. Colin, *L'Oraison funèbre d'Hypéride: ses rapports avec les autres oraisons funèbres athéniennes*, *R.E.G.*, 1938, p. 368-386; G. Kennedy, *The art of persuasion in Greece*, Princeton, 1963, p. 164-165.

2. Par ex. P. Treves, *Apocrifi demostenici, L'Epitafio*, (*Athenaeum*, 1936, p. 159-174).

3. Ἵνα πρὸς τὸν ὑπάρχοντα καιρὸν ἕκαστα θεωρῆτε (*Cour.* 17). On trouve déjà ce souci chez J. Sykutris, *Der Demosthenische Epitaphios* (*Hermes*, 1928, p. 241-258) et surtout chez M. Pohlenz, *Zu den att. Reden auf die Gefallenen (Symbolae Osloenses*, 26, 1948, p. 46-74), deux études auxquelles il faut toujours recourir.

quelque sophisme à reconstituer l'esprit d'un temps à partir d'une œuvre que l'on a suspectée.

Le moment. C'est Démosthène qui nous apporte les précisions les plus utiles. Dans un passage ardent et fier du discours *sur la Couronne* [1], il nous dépeint l'atmosphère de lutte qui régna dans le Conseil, puis dans l'Assemblée, lorsqu'il fut désigné pour prononcer l'oraison funèbre des soldats morts à Chéronée. Il vaut la peine de citer ce morceau pour en extraire tout ce qui peut nous éclairer et pour éviter les méprises qu'entraîne souvent une utilisation abusive des données qu'il fournit :

« Que de belles et grandes choses, Eschine, notre Cité a décidées et menées à bonne fin par mon entremise ! Et elle n'en a pas perdu le souvenir. En voici la preuve : comme le peuple s'apprêtait à désigner à main levée l'orateur qui parlerait en l'honneur des morts, juste après les événements [2], ce n'est pas toi, candidat proposé [3], qu'il désigna, malgré ta belle voix, ni Démade, qui venait d'obtenir la paix [4], ni Hégémon [5], ni personne d'autre; ce fut moi ! Et vous avez eu beau, toi et Pythoclès [6], monter à la tribune, avec autant de rage que d'impudence, ô Zeus, ô Ciel ! vous avez eu beau me charger des mêmes griefs qu'aujourd'hui, m'injurier, j'obtins une majorité encore plus grande [7] !... Et il ne faut

1. 285-288. Plutarque (*Dém.*, 21) et le pseudo-Plutarque (*Vies des Dix Orateurs*, *Dém.*, 845 f) n'ajoutent rien à ce texte.
2. Sur cet emploi de παρά, voir *Contre Leptine*, 139, 160. Le mot d'*événement* désigne par euphémisme la bataille et ses suites.
3. Soit par le Conseil, soit par un amendement de l'Assemblée.
4. Voir Diod., XVI, 87. Bien avant le traité, c'était une créature de Philippe (Dinarque, I, 104). Voir sur lui, P. Treves, *Athenaeum*, 1933, p. 105 et suiv.
5. Il est surtout connu pour avoir collaboré avec Pythoclès au gouvernement de Phocion et pour être mort en même temps qu'eux en 318 (Plut., *Phocion*, 35).
6. D'abord ami de Démosthène, il passa au parti macédonien vers 343 (Dém., *Amb.*, 225).
7. La majorité de l'Assemblée fut encore plus grande que celle du Conseil.

pas croire que si le peuple en décida ainsi, les pères des morts et leurs frères, qui furent choisis alors par le peuple pour s'occuper des funérailles, aient différé tant soit peu d'avis; au contraire, alors qu'ils auraient dû faire le repas funèbre chez le plus proche parent des morts, suivant l'usage ordinaire, c'est chez moi qu'ils le firent. Idée judicieuse : en effet, si par la naissance chacun d'eux était plus proche que moi de chaque mort, personne ne leur tenait de plus près à tous collectivement; car l'homme qui avait le plus intérêt à les voir revenir vivants et triomphants, était aussi celui qui, après leur sort immérité, participait le plus à la douleur que l'on ressentait pour eux tous. »

Ainsi, c'est après la conclusion de la paix que Démosthène fut élu par l'Assemblée sur la proposition du Conseil. Est-il possible de préciser davantage? Entre la bataille même de Chéronée (1er sept. 338) [1] et les funérailles nationales, qui tombaient à une date fixe (4 nov. 338?) [2], la paix n'intervint pas immédiatement.

1. Plutarque (*Cam.*, 19, 7) la place le 7 Métageitnion, c'est-à-dire, soit le 1er sept., soit le 2 août, selon que l'année 339-338 était ou n'était pas intercalaire. Or elle l'était d'après le tableau de W.-B. Dinsmoor, *The archons of Athens*, p. 428.

2. Sujet controversé. Occasionnelle au ve s. (Thc. II, 34, 7), la fête devint annuelle au ive (Plat., *Ménex.*, 249 b), sans toutefois se confondre avec les *Genesia*, malgré F. Jacoby (cf. A. W. Gomme, *An Com... on Thuc.*, II, p. 100). Le passage « classique » de Thucydide (II, 34) qui place la cérémonie en « hiver » et en mentionne les différentes étapes (exposition, levée des corps à raison d'un cercueil par tribu, enterrement dans un endroit réservé du Céramique, discours public), ne comporte aucune date. Il y a tout lieu de croire, malgré les doutes exprimés par Dittenberger (*Syll.*3, II, 717, n. 10) et repris par L. Deubner (*Att. Feste*, Berlin, 1932, p. 230), que la fête des *Epitaphia* et celle des *Theseia* étaient à la fois distinctes et contiguës. Cette conclusion de A. Martin (*Notes sur l'Héortologie athénienne*, *Revue de Philol.*, 1886, p. 17-37) a été renforcée par l'étude d'A. Hauvette, *Les Eleusiniens d'Eschyle et l'Institution des discours funèbres à Athènes* (dans les *Mélanges Weil*, Paris, 1898, p. 159-178) et adoptée finalement par A. Mommsen (*Feste der Stadt Athen*, Leipzig, 1898, p. 298-307). Le tout est maintenant de

D'abord, il fallut quelque temps à Philippe pour réduire les Thébains à sa merci [1], cependant qu'Athènes se préparait à la résistance [2]. D'autre part, après avoir contribué sur place à la défense méthodique d'Athènes [3], Démosthène s'embarqua pour recueillir de l'argent chez les alliés [4], et c'est durant son absence que les préliminaires de la paix s'engagèrent. Au reste, juste après la conclusion du traité, il fut assailli par ses ennemis ligués qui se sentaient protégés par la Macédoine, et, s'il faut l'en croire, il n'est journée dans les premiers temps où il n'ait été traduit en justice [5]. C'est apparemment au milieu de ces tracas qu'il fut désigné pour prononcer l'oraison funèbre. Sans doute est-on fondé à croire que Philippe, peu enclin à investir Athènes dont la marine était intacte, fit avec ostentation livrer aux Athéniens les cendres des soldats morts, avant

savoir laquelle des deux fêtes précédait l'autre. A. Martin (*loc. cit*, p. 36) plaçait le discours funèbre le 7 Pyanopsion (c'est-à-dire pour l'année 338 le 30 oct. d'après le tableau de Dinsmoor) juste avant les *Theseia*, date souvent donnée sans discussion; en revanche, A. Mommsen la reculait jusqu'au 12 (4 nov.), après les *Theseia*. Il semble bien que Mommsen ait raison (*loc. cit.*, p. 304) de mettre les *Epitaphia* après les *Theseia*, conformément à l'ordre constant où ces deux fêtes apparaissent dans les inscriptions (par ex., *I.G.* II², 1006; 1008; 1028). Inutile d'ailleurs de retarder encore cette date en invoquant le mot de χειμών qui est employé par Thucydide, II, 34, dans un sens très large (voir A. Martin, *op. cit.*, p. 19, suivi par A. Mommsen, *op. cit.*, p. 300, n. 1). Rien non plus n'appuie l'hypothèse de Georges Mathieu (Isocrate, t. IV, p. 183) que les « événements retardèrent les cérémonies des *Epitaphia* ». Philippe était expéditif et l'on peut faire remonter à lui autant qu'à son fils l'accélération de l'histoire.

1. Voir Diodore, XVI, 87, 4; Pausanias, IX, 1, 8; 37, 8; Justin, IX, 4, 6.

2. Voir Lycurgue, *Contre Léocrate*, 16, 36-37, 39, 41, 44; Hypér., *Contre Aristogiton*, fgts; Dém., *Contre Aristogiton* II, 11; pseudo-Plut., *Vies, Hypér.*, 849a.

3. Voir Dém., *Cour.*, 248; pseudo-Plut., *Vies, Dém.*, 845f; décrets, 851a.

4. Dinarque, I, 80; Eschine, *Contre Ctés.*, 159; pseudo-Plut., *Dém.*, 846a; décrets 851b.

5. Dém., *Cour.*, 249-250.

même que la paix ne fût signée [1] : c'était amadouer le parti antimacédonien; mais le choix même de Démosthène ne pouvait être pressenti dès alors, et c'est bien, comme il le dit, après le traité qu'il fut désigné. D'ailleurs il semble résulter de deux autres oraisons funèbres que, pour de pareilles occasions, l'orateur n'était connu qu'assez tard [2]. Cette présomption n'est pas démentie par notre Oraison, dont l'auteur nous apprend qu'après sa désignation il réfléchit, toutes affaires cessantes [3], à la tâche qui lui incombait. Tout bien pesé, il est difficile de placer l'élection de Démosthène avant le début d'octobre : nomination bien tardive pour un orateur qui n'improvisait pas et qui avait d'autres affaires sur les bras. Manifestement, il ne put écrire son discours à tête reposée.

Le passage invoqué plus haut nous apprend aussi combien le triomphe de Démosthène alla s'amplifiant pour son élection : le parti macédonien proposa entre autres Eschine au Conseil; l'autre parti, Démosthène; la lutte redoubla à l'Assemblée avec un succès encore accru pour Démosthène. On a vu que le parti adverse lui opposa plusieurs candidats : mais cette division aida seulement, elle ne provoqua pas son élection : il passa en effet largement [4]. Et c'est ici qu'il faut bien lire. D'abord il échut ce jour-là un honneur sans précédent à Démosthène : c'est chez lui qu'eut lieu le repas funèbre. Nul doute que ce témoignage de confiance, tel que le rapporte Démosthène, ne soit une exception, non un usage reçu. Il sera légitime d'en rechercher la trace dans notre *Oraison funèbre* et de se demander si les parents des morts, qui sont répartis entre les dix tribus [5], occupent dans ce discours une place

1. C'est ce qui ressort du texte de Justin (IX, 4, 4-5), plus explicite pour la chronologie que celui de Diodore (XVI, 87). Voir aussi pseudo-Plut., *Vies*, *Hyp.*, 849a.

2. Lysias, *Epit.*, 1; Platon, *Ménex.*, 235c.

3. Εὐθύς (1).

4. De même qu'il fut acquitté dans tous les procès qu'il essuya alors (*Cour.*, 250).

5. Le recrutement était fondé sur la division en tribus (Arist., *Const. d'Ath.*, 42; 61, 3; Dém., *Prem. Phil.*, 26; Ar., *Paix*, 1183 et la scholie).

inaccoutumée. Ce n'est pas tout : même si la bataille de Chéronée avait brisé les espoirs de Démosthène, même si la paix tendait à éloigner d'Athènes [1], mieux traitée par Philippe, la ville de Thèbes, qu'il avait réussi après tant d'efforts à se concilier, il est évident que l'échec de Chéronée ne le désigna pas à la vindicte publique. Le bruit fait par ses adversaires ne doit pas nous abuser sur leur nombre. Ainsi, on voyait dès alors inscrit dans les faits, avant qu'il ne fût exprimé dans le discours *sur la Couronne* [2], ce grand principe que les dénouements malheureux ne condamnent pas l'intelligence d'un homme politique. Les Athéniens le montrèrent sur l'heure à Démosthène [3] : il n'eut donc pas à se justifier devant le peuple dans son *Oraison funèbre*.

Mais c'est tout ce que nous pouvons affirmer sur sa teneur en ne consultant que les témoignages extérieurs. Presser davantage le passage invoqué, et vouloir reconstituer le discours funèbre à l'image du plaidoyer politique, c'est non seulement faire des suppositions gratuites, mais c'est confondre la riposte et l'éloge, la défense personnelle et les paroles consolantes. L'orateur ne résiste pas, dans le discours *sur la Couronne*, au plaisir de rappeler à son adversaire, huit ans après l'événement, que le peuple ne l'avait jamais abandonné. Mais l'*Oraison funèbre* elle-même ne devait pas donner en spectacle cette fierté communicative qui n'avait pas sa raison d'être en un pareil jour où pourtant une si forte majorité s'était déclarée en faveur de Démosthène. Ce jour-là, le verdict avait précédé le discours et il s'agissait de morts ! Il est impossible de croire que Démosthène, qui, selon ses propres mots, « partageait la douleur » [4] de tous, ait transformé son

1. En particulier à cause de la restitution d'Oropos aux Athéniens (voir Cloché, *Dém.*, Paris, 1937, p. 201). Sur ce motif de querelle, voir Dém., *Mégal.*, 18.

2. 207 et 208.

3. Plutarque (*Dém.*, 21) critique à ce propos Théopompe qui disait sur un ton tragique (τραγῳδεῖ) que le peuple était abattu; abattu peut-être (voir Dém. *Epit.*, 32), mais pour peu de temps et pas au point de se déjuger.

4. *Cour.*, 288.

Oraison funèbre en une harangue qui, destinée en apparence aux parents des morts, eût atteint en fait ses adversaires personnels.

Il est un autre point controversé, sur lequel Démosthène s'est toujours tu : c'est sa fuite lors de la bataille de Chéronée. Ce ne saurait être un simple détail en la circonstance. En fait, il est normal que Démosthène n'ait jamais éprouvé le besoin de repousser une accusation tendancieuse qui apparaît pour la première fois dans le plaidoyer *contre Ctésiphon* [1] où Eschine prétend que son adversaire « a osé fouler de ses pieds fuyards et déserteurs le tombeau des morts pour célébrer leur valeur ». Depuis longtemps, on a remarqué que si cette désertion avait eu lieu, Démosthène serait tombé sous le coup de la même accusation que Léocrate [2], et que, s'il a fui, c'est au moment où les Athéniens étaient taillés en pièces et où la partie était perdue [3]. On ne s'expliquerait pas, sans cela, le choix que firent de lui les Athéniens, ni le silence de ses adversaires sur ce point important au moment de sa désignation.

Quant à ce qu'il pensait, en octobre 338, de la conduite de la guerre, il est délicat de le savoir : il s'agit moins de faits que d'opinions, et ces opinions, si l'on veut oublier provisoirement l'*Oraison funèbre*, n'ont été exprimées explicitement par lui que bien plus tard, dans le discours *sur la Couronne*. Ce qu'on peut retenir comme certain, c'est que Démosthène n'a jamais suspecté la bravoure ni des Thébains ni des Athéniens; et l'entente cordiale des deux peuples, qui a permis d'éloigner d'Athènes le théâtre de la guerre [4], a été célébrée par lui en des termes émus,

1. 152; voir aussi *ibid.*, 175.

2. Voir les attendus de son procès dans Lycurgue, *Contre Léocr.*, 142.

3. C'est ce qu'a bien vu A. Schaefer, *Demosthenes*², III, p. 34, n. 3 et surtout Blass, *Die att. Bered.*², III, I, p. 40. Il est remarquable que la *Vie de Démosthène* du pseudo-Plutarque (845f) voie une contradiction entre la fuite de Démosthène à Chéronée et sa nomination comme orateur officiel (Εἶπε μέντοι τὸν ἐπιτάφιον... Il prononça *pourtant* l'oraison).

4. *Cour.*, 195, 230.

dans un passage d'un ton assez rare chez lui et qui ne doit pas travestir ses premières impressions [1]. Sur les généraux responsables, il est plus difficile de se prononcer. Jamais il n'a cité le nom de Lysiclès, le général athénien qui fut accusé à son retour par Lycurgue [2]. Est-ce indulgence? Est-ce désaccord avec son collègue? Il est vrai qu'il ne parle jamais non plus de la trahison de Proxène, le général thébain, dont Dinarque fera état dans son plaidoyer contre Démosthène [3]. Mais s'il ne parle pas de trahison, du moins signale-t-il que les généraux des alliés ont été vaincus par le sort [4] : jugement que notre *Oraison* seule nous permettra de démêler.

Ainsi, avant d'ouvrir l'*Oraison funèbre*, tout ce qu'on peut savoir de positif sur elle, c'est que Démosthène eut peu de temps pour la composer et que, malgré les attaques dont il était victime, sa réputation de soldat et d'homme politique n'était pas entamée. On ne voit pas encore très bien ce que fut cette oraison funèbre; on voit du moins ce qu'elle ne fut pas : un plaidoyer véhément limé à loisir.

Les thèmes de l'Oraison.

Voici maintenant le sommaire raisonné de celle que nous transmettent nos manuscrits sous le nom de Démosthène.

L'auteur commence par parler des difficultés de son sujet et de la vertu des éloges funèbres (1-2). Il annonce son plan (3) : il célébrera la noble origine, l'éducation et la gloire des morts. Il le développe méthodiquement.

Et d'abord les ancêtres de ses compatriotes : il commence par un développement obligé sur leur autochtonie (4-5).

1. *Cour.*, 215.
2. Diod., XVI, 88.
3. I, 74.
4. *Cour.*, 194 et 300. Rien de fataliste dans ce jugement. Démosthène non seulement distingue entre l'influence de la Fortune et le rôle de la responsabilité humaine, mais encore prend soin de bien déterminer la part de chacun dans l'exercice de cette responsabilité. Comme politique, il prétend avoir bien agi. « Pour le reste, dit-il, je n'étais pas stratège » (*Cour.*, 194).

Intermède (6). Il parle ensuite de leur courage qui a toujours servi la justice, soit à l'époque héroïque dans la lutte menée contre les *Amazones* et *Eumolpe* ou en faveur des *Héraclides* et des *Sept* (7-9), soit à l'époque des guerres médiques, qui furent plus difficiles que la guerre de Troie (10-11). Nouvel intermède (12-14) : l'orateur va passer immédiatement à ses contemporains, mais il éprouve auparavant le besoin de demander l'indulgence de son auditoire.

Éducation de ses compatriotes : leur intelligence et leur bravoure (15-17). Leur conduite dans les temps qui ont précédé la guerre (18). La guerre elle-même et la paix prudente accordée par Philippe qui n'a pas voulu envahir l'Attique (19-20).

Les responsables de la défaite (21-22); ses suites : tristesse de la Grèce (23-24). Cause de la bravoure de ces hommes : le régime démocratique (25-26). Conclusion et rappel du plan suivi (27).

Compliments adressés à chacune des tribus, citées dans l'ordre officiel (27-31). Considérations sur le sort des disparus : ils sont à l'abri des misères de ce monde et jouissent sans doute de grandes récompenses dans les îles des Bienheureux (32-34).

Consolations à leurs parents et à leurs enfants (35-37). Épilogue (37).

On le voit, ce que ce résumé révèle d'abord, ce n'est pas le génie indépendant de Démosthène, mais la soumission aux lois d'un genre. On aura reconnu au passage beaucoup de thèmes ordinaires à cette sorte d'oraisons, dont on a toutefois trop tendance à dresser un canon, en fondant dans un plan stéréotypé tous les éléments épars dans les unes et dans les autres, travers où a donné le pseudo-Denys dans son *Art rhétorique* [1]. En réalité, le genre de l'éloge en prose [2], qui est apparu assez tard et n'a jamais été codifié dès l'origine plus qu'aucun autre genre

1. Voir Denys d'Halicarnasse, éd. Usener-Radermacher II, 1. p. 277 et suiv. L'opuscule a été commodément traduit par Caffiaux, *op. cit.*, p. 262-265.

2. Voir O. Navarre, *Essai sur la Rhétorique grecque avant Aristote*, Paris, 1900, p. 80-85.

littéraire, n'a exercé d'autre empire sur les orateurs que la loi de la μίμησις, qui poussait, il est vrai, à le fixer plutôt qu'à l'élargir. Le trait commun à toutes les oraisons conservées, c'est que, consacrées aux morts, elles imposent un certain nombre d'interdits religieux [1] et qu'elles séparent nettement l'éloge des défunts de la consolation adressée à leurs proches [2]. D'autre part, pour avoir été adjointes aux *Epitaphia* à une époque sans doute assez récente [3], elles tendent à associer aux exploits héroïques les victoires des guerres médiques et l'éloge de la démocratie. Enfin, comme elles dérivent des θρῆνοι et des ἐπικήδεια des lyriques [4], elles accueillent les mots poétiques et les expressions relevées, principalement dans les morceaux de bravoure et les consolations, ornements rapidement combinés aux figures de rhétorique que Gorgias a répandues à profusion dans son oraison.

Dans ce cadre, qui n'a pas dû être élaboré sur le champ, il n'y a guère de place que pour des variations. Il est probable que plus d'un développement brillant, plus d'un tour frappant ont été repris par un émule, soit sous forme allusive, soit comme prétexte à rivaliser, et que tous les « motifs » qu'on attribue aux oraisons funèbres ne sont

1. Voir, dans notre Oraison, les *aposiopèses* qui dissimulent le nom de Dionysos (30) ou le rôle de Poséidon dans la naissance d'Alopè (31). On peut comparer avec Platon, *Ménex.*, 238b où L. Méridier note que « les Olympiens ne doivent pas être nommés dans une cérémonie funèbre ». Démosthène use de semblables euphémismes pour désigner la défaite. (*Cour.*, 230; voir *supra*, p. 10, n. 2).

2. Voir Thc., II, 43; Lysias, *Epit.*, 71; Platon, *Ménex.*, 236e, 246e; Hypér., *Epit.*, 41; et, dans notre discours, le § 22.

3. Voir Thc., II, 35, 1. A. Hauvette (*loc. cit.*, p. 166) place cette adjonction en 475, donc très peu de temps avant les *Perses* (472).

4. Voir O. Navarre (*op. cit.*, p. 81-83), qui s'appuie sur un passage du pseudo-Denys (*loc. cit.*, p. 278). Les réserves de B. Buchheit, *Untersuchungen zur Theorie des Genos Epideiktikon von Gorgias bis Aristoteles*, Munich, Max Hueber, 1960, p. 31, n. 2, ne ruinent pas pour cela cette thèse, en ce qui concerne le vocabulaire poétique des éloges en prose. Voir d'ailleurs *infra*, p. 53, n. 1, et p. 58, n. 3.

en fait apparus que progressivement. Malheureusement, cette évolution ne peut être suivie par le menu, vu le peu d'exemplaires que nous possédons de ces discours, et il y a chance que nous nous trompions souvent lorsque nous attribuons à tel auteur, dont nous avons conservé l'oraison, telle expression qu'il n'a peut-être pas inventée et qu'un successeur inconnu lui a peut-être dérobée à son tour sans en connaître la première source [1]. Ces discours étant devenus annuels [2] très rapidement, les oreilles des Athéniens, si aptes à retenir les allusions orales, devaient être remplies d'expressions toutes faites. Aussi, lorsqu'on affirme que Démosthène, une fois désigné, s'empressa de lire les discours antérieurs au sien que nous avons encore, et ceux-là seulement [3], est-on victime d'un mirage.

Il serait donc vain de chercher une source précise au plan de notre discours, qui célèbre les morts avant de consoler les vivants [4]; à l'affirmation que le sujet est rebattu [5]; aux considérations sur les ancêtres des guerriers et sur leur autochtonie [6]; au développement traditionnel

1. A titre de spécimen, on trouvera dans M. Pohlenz (*op. cit.*, p. 46-49), l'étude d'une image que cite Aristote (*Rhét.*, 1411a 31) sans nom d'auteur : ἄξιον ἦν ἐπὶ τῷ τάφῳ τῶν ἐν Σαλαμῖνι τελευτησάντων κείρασθαι τὴν Ἑλλάδα ὡς συγκαταθαπτομένης τῇ ἀρετῇ αὐτῶν τῆς ἐλευθερίας... De Lysias (*Epit.*, 60), que l'on croyait visé par Aristote, l'auteur remonte à Hérodote (VII, 139) et par delà à Périclès. Cette image se retrouve dans notre *Epitaphios* (23), puis dans Lycurgue (*Contre Léocr.*, 50). Sur la filiation des « motifs » de l'*Epitaphios* de Lysias et du *Panégyrique* d'Isocrate, voir E. Buchner, *Der Panegyrikos...*, Wiesbaden, 1958.

2. Voir Platon, *Ménex.*, 249b.

3. Voir, par ex., Ch. Lécrivain, *L'Epitaphios de Démosthène* (*Mémoires de l'Académie de Toulouse*, 1942, p. 1-28, principalement p. 10).

4. Voir *supra*, p. 18, n. 1.

5. 2 et 9. Isocrate (*Panég.*, 74), signale ces lieux communs comme le propre des oraisons funèbres, et les utilise d'ailleurs le premier lui-même. Voir Thc. II, 35; Lys., *Epit.*, 2-3; Platon, *Ménex.*, 239b.

6. 4 et 5 (voir Euripide, *Erechthée*, fgt. 360 N; Thc. II, 36; Lysias, *Epit.*, 3, 20; Plat., *Ménex.*, 237b-238a. Isocr. *Pan.*, 24-25; *Panath.*, 124-125). Il semble bien ici que la source

sur les Amazones et Eumolpe, sur les Héraclides et les Sept contre Thèbes [1]; à la célébration des guerres médiques [2]; à la distinction établie entre l'éloge des guerriers et les jeux qu'on leur consacre [3], entre leur intelligence et leur courage [4]; à la justice qui anima les Grecs dans toutes leurs entreprises [5]; au régime démocratique qui explique leurs qualités [6]; aux inconvénients de la vieillesse que n'ont pas connus les morts [7]; aux consolations qui adoucissent le sort des parents et des orphelins [8], non plus qu'à la formule finale de congé [9]. Mais il serait non moins vain de se prévaloir de ces lieux communs pour les opposer au talent ordinaire de Démosthène : ils sont la loi consentie d'un genre. C'est ailleurs qu'il faut chercher la marque de notre orateur.

Authenticité. Raisons formelles.

On sera fort sensible à l'influence de Périclès et de Thucydide qui lui est intimement lié, si l'on se rappelle le culte que Démosthène avait voué à l'homme d'État [10] et sans doute à son historien [11]. Comment

soit le *Ménexène* où la liaison entre l'autochtonie et l'apparition des fruits est marquée avec une netteté qui a disparu dans la copie.

1. 8-9; voir Lys., *Epit.*, 4; Platon, *Ménex.*, 239b; Isocr., *Pan.*, 55, 58, 65.

2. 10-11; voir *infra*, p. 56, n. 2.

3. 13; voir Lys., *Epit.*, 80; Platon, *Ménex.*, 246c, 249b, Isocr., *Evag.*, 4.

4. 17; voir Thc., II, 42, 2; Gorgias, *Epit.*, δισσὰ ἀσκήσαντες μάλιστα ὧν δεῖ, γνώμην ⟨καὶ ῥώμην⟩ ... (p. 5, éd. W. Vollgraff).

5. 7-8; voir Thc., II, 41; Lys., *Epit.*, 17, 20; Plat. *Ménex.*, 239a.

6. 25-27 (à quoi l'on comparera Dém., *Contre Andr.*, 31); voir Thc. II, 37; Lys., *Epit.*, 18; Platon, *Ménex.*, 238c.

7. 33; voir Thc., II, 43. On comparera avec les propos que Xénophon prête à Socrate sur les incommodités de la vieillesse (*Mém.*, IV, 8, 8).

8. 32; voir Thc., II, 46; Platon, *Ménex.*, 248d.

9. 37; voir Thc., II, 46; Platon, *Ménex.*, 249c.

10. Voir Plut., *Dém.*, 9.

11. Voir Denys d'Halic., *Thc.*, 53; pseudo-Plut., *Vie de Dém.*, 844 b; voir aussi Lucien, *Contre un ignorant bibliomane*

ne pas voir de parenté entre le passage de notre oraison [1], consacré à la mauvaise honte qui encourage les soldats à se battre et les lignes que Thucydide a écrites sur l'opinion publique [2]? Comment ne pas rapprocher l'assimilation des guerriers et des immortels chez Démosthène [3] et chez Périclès [4] et ne pas comparer le parallèle qu'ils font entre la guerre de Troie qui détruisit seulement une ville et les guerres médiques qui repoussèrent une invasion [5]? Comment surtout ne pas croire que notre auteur, en créant l'image hardie où il compare la mort des héros à la nuit qui couvrirait le monde s'il était privé de soleil [6], n'a pas voulu rivaliser avec l'image si vive de Périclès[7] disant que l'année avait perdu son printemps — et ce lorsque les figures de cette sorte ne sont pas un ornement obligé des oraisons funèbres, pas même de celle que Thucydide prête à Périclès dans son histoire [8]?

Le plan suivi méthodiquement par l'auteur ne rappelle pas, il est vrai, ce désordre qui se moque de l'éloquence dont le discours *sur la Couronne* offre le plus bel exemple :

(4), quelque part que l'on doive faire à l'exagération de l'auteur dans ce passage.

1. 26.
2. Thc., II, 37, 2-3.
3. 34.
4. Dans l'oraison funèbre prononcée pour la guerre de Samos; voir Plut., *Pér.*, 8. Lysias, *Epit.*, 80, n'est pas du tout comparable. Sur cette croyance, voir F. Cumont, *Lux Perpetua*, Paris, Geuthner, 1949, p. 333.
5. *Epit.*, 10; voir Plut., *Pér.*, 28 (à propos de la prise de Samos); idée reproduite par Isocr., *Pan.*, 83; *Phil.*, 111, *Evag.*, 65.
6. 24 ... εἴ τις τὸ φῶς ἐξέλοι.
7. Citée par Arist., *Rht.*, I, 7, p. 1365a 32. « Περικλῆς τὸν ἐπιτάφιον λέγων τὴν νεότητα ἐκ τῆς πόλεως ἀνῃρῆσθαι, ὥσπερ τὸ ἔαρ ἐκ τοῦ ἐνιαυτοῦ εἰ ἐξαιρεθείη... » Εἴ τις τὸ φῶς ἐξέλοι est calqué sur ἀνῃρῆσθαι, selon la juste remarque de M. Pohlenz (*loc. cit.*, p. 66, n. 1). On croira d'autant plus à cette influence de Périclès que, dans le même passage de Démosthène, se retrouve, plus amortie, une autre image (ἡ ... ἐλευθερία ἐν ταῖς τῶνδε τῶν ἀνδρῶν ψυχαῖς διεσῴζετο) qui remonte à Périclès (voir supra, p. 19, n. 1).
8. Même en tenant compte d'un passage imagé (II, 43, 3). Voir aussi p. 61, n. 3 et 4.

c'est que la cérémonie s'opposait à cette liberté d'allure, à ces fausses sorties qui étaient ici hors de saison. Au reste, cette modération ne dissimule pas le savoir-faire d'un écrivain authentique : à part la « captatio benevolentiae » et l'allocution adressée aux tribus, qu'il y aura lieu d'élucider, la trame de l'exposé est serrée et continue, beaucoup plus que chez Lysias et chez Platon [1]; visiblement, l'auteur ne cherche pas les épisodes de nature à lui donner libre carrière; il ne renchérit pas sur ses prédécesseurs; il les dédaigne [2] un peu, comme Démosthène sait faire dans ses prologues; il n'exalte pas outre mesure les exploits de jadis; il va droit [3] au récit de l'époque contemporaine, auquel il subordonne tout et se donne tout entier, en y remplaçant un développement à tiroirs par des explications circonstanciées et une narration suivie [4]. Plus qu'un rhéteur, on sent là un esprit dédaigneux du morceau brillant et pressé d'en venir à l'essentiel.

Même sobriété dans le style [5]. Les quelques figures

1. On remarquera dans les §§ 7, 10, 11 le soin d'expliquer toutes les légendes mythologiques et toutes les guerres du cinquième siècle par un même mobile, le souci de la justice. Les récits successifs illustrent une seule idée.

2. 1 (fin). On opposera le passage du *Ménexène* (239 c) où l'orateur prétend rechercher les sujets qui sont « encore disponibles ».

3. 12.

4. 16-24. L'auteur, contrairement au plan qu'il avait annoncé (3), ne traite pas séparément ce qui touche l'éducation et la bravoure de ses contemporains. « Il suit le déroulement même de leur vie » (15), selon une formule empruntée au Ménexène (237a), mais qu'il est le premier à appliquer strictement. Caffiaux (*op. cit.*, p. 112, n.) relève avec finesse « cette manière de donner de l'unité à son œuvre en faisant dériver d'une grande idée morale toutes les autres qualités et les actions qu'on célèbre ». Ceux qui ont tendance à oublier la parodie dans le *Ménexène*, ce « rapetassage » génial (236b), devraient se souvenir que Platon, s'il avait voulu être sérieux, eût pu donner lui aussi un modèle d'exposé bien construit, car il était entre tous capable de composer un discours organique avec « un corps, une tête et des pieds » (*Phèdre*, 264c).

5. Voir J. Sykutris, *op. cit.*, p. 252-258, où sont étudiées avec soin les questions de langue et de style.

de rhétorique que l'on relève, homéotéleutes [1], asyndètes [2], ne courent jamais après l'effet, mais précisent le plan suivi, articulent une énumération [3]. L'auteur a même refusé d'exploiter toutes celles qui s'offraient à lui [4]. De loin en loin, une formule plus resserrée assure les transitions [5]. Si l'on ajoute que les tournures de Démosthène abondent [6], que l'usage de l'orateur, à la réserve de quelques emplois poétiques très normaux ici, n'est pas violé, que l'hiatus enfin, s'il n'est pas trop délicat d'invoquer semblable argument dans un discours si particulier, n'apparaît pas à des places indues ni en des proportions plus grandes que dans les œuvre réputées authentiques de Démosthène [7], on pensera que l'attribution de ce discours à notre orateur n'est pas risquée.

Sans doute, cette conclusion, qui n'est pas nouvelle, n'emportera-t-elle pas la conviction de tout le monde. Dès l'antiquité, ce discours a paru suspect. Denys d'Halicarnasse, qui est le premier à le mentionner, le rejetait comme étant « ennuyeux, vide et puéril » [8], et tous les

1. ἐξετάζων-σκοπῶν (1); ἐβουλήθησαν-ἀτυχοῦσαν (1); καὶ γεγενῆσθαι καλῶς καὶ πεπαιδεῦσθαι σωρρόνως καὶ βεβιωκέναι φιλοτίμως (3); προορώσης-εἰρωνευομένης (18).

2. 16; 27-31; 36-37.

3. Οἱ τούτων répété (33) s'accompagnait d'un geste; voir aussi l'épanalepse du § 17, figure démosthénienne par excellence (par ex., *Amb.*, 259; *Cour.*, 208).

4. J. Sykutris signale qu'au § 1 κειμένους est balancé par γεγονότας et non γεγενημένους : voir toutefois l'apparat et *infra* p. 45, n. 4 et p. 54, n. 3. Plus probant le § 6 et surtout les §§ 35 et suiv. où Démosthène fuit toutes les occasions de balancer les membres égaux et de jouer avec les sonorités. Remarquer aussi les scrupules avoués de l'auteur à risquer une image hardie (24).

5. Voir la fin du § 1; du § 11; du § 17; du § 18; du § 20; le début du § 18 et du § 19; le § 24 (καὶ τὸ... ἀνῄρηται; ἐν σκότει... γέγονεν); les maximes du § 26; la fin du § 34 et du § 37.

6. J. Sykutris en a dressé une liste méthodique (*loc. cit.*, p. 253).

7. Voir J. Sykutris, *op. cit.*, p. 255.

8. "Ο τε φορτικὸς καὶ κενὸς καὶ παιδαριώδης ἐπιτάφιος » (Περὶ τῆς Δημοσθένους λέξεως, 44).

anciens [1] qui en ont parlé ensuite ont répété ce jugement avec plus ou moins de docilité, Harpocration [2], Libanius [3], Photius [4]. Toutefois, la tradition manuscrite ne fait pas état de cette suspicion, et l'humaniste Jean Sophianos, qui a traduit intelligemment cette oraison à l'intention du cardinal Bessarion [5], la donne comme l'œuvre de Démosthène. C'est seulement à partir des éditions imprimées que l'on voit les doutes renaître et pour de longues années [6]. Mais, par un juste retour, les défenseurs de l'authenticité, à commencer par A. G. Bekker [7], ne sont pas demeurés en reste, et, à bien voir les choses, ce sont eux qui, depuis la fin du siècle dernier, ont répondu à toutes les objections de fait soulevées par leurs adversaires. Néanmoins, ceux-ci ne désarment pas de bon cœur : prouve-t-on qu'aucun mot n'est contraire à l'usage de Démosthène, ils y voient la marque d'un faussaire habile; si l'on dit qu'en général les oraisons funèbres sont formées de lieux communs, ils répondent que l'auteur de celle-ci

1. Sauf toutefois Pollux ; voir *infra*, p. 38, n. 8.

2. Articles Αἰγεῖδαι et Κεκροπίς.

3. Ὑποθέσεις..., 20, t. 8, p. 600, 7 (Foerster).

4. Photius est plus nuancé : Τοὺς πεπτωκότας ἐν τῇ μάχῃ ἐκόσμησεν (sc. Δημοσθένης) ἐπιταφίῳ, τῆς μὲν συμβάσης τύχης ἴσως οὐδὲν ἐνδεέστερον, τῆς δ' ἄλλης αὐτοῦ περὶ λόγους δυνάμεως οὐκ ὀλίγῳ ἐνδεέστερον (*Bibl.*, cod. 265 p. 494a. Voir aussi p. 492a).

5. Voir *infra*, p. 39.

6. Voir principalement les éditions de Wolf (1572), Reiske (1775), H. Schaefer (1827); les études de Westermann (*Quaestionum Demosthenicarum, Part. II*, Leipzig, 1831, p. 49-70); de A. Schaefer (*Demosthenes und seine Zeit* [2] III, 1887, p. 36, n. 1), de Blass (*Die att. Bered.*[2], III, 1, p. 404-406).

7. A.-G. Bekker, *Demosthenes als Staatsmann und Redner*, Halle-Leipzig, 1815, p. 466 et suiv., cité par J. Sykutris (*op. laud.*, p. 252). Depuis cet ouvrage, les grandes étapes de la défense sont jalonnées par les études citées ci-dessus de H. Caffiaux (1861), J. Sykutris (1928), G. Colin (1938), de Ch. Lécrivain (1942), de M. Pohlenz (1948), dont les conclusions ne sont pas désavouées par A. Lesky (*Gesch. der Gr. Lit.*[2], p. 652, n. 2) et auquel je dois beaucoup.

en a profité pour composer un « centon »[1]. Quelques-uns, et non des moindres, ne récusent pas, en apparence, les explications qu'on leur fournit, mais, au nom de l'esprit, sinon de la lettre, ils se refusent à reconnaître ici la voix de Démosthène[2]. C'est désarmer par avance tous les critiques et l'on perdrait son temps à lutter sur ce terrain.

Authenticité. Les préoccupations de Démosthène.

Mais ces marches et contremarches n'auront pas été stériles. Elles permettent maintenant d'affirmer que la preuve de l'authenticité ne sortira jamais, dans l'espèce, des statistiques ni des colonnes de mots. Elle reposera toujours sur un véritable acte de foi. Au fond, le problème est beaucoup plus simple qu'il n'y paraît : si l'on consent à bien voir la réalité immuable que les différences de mots recouvrent, on confessera que les anciens ne condamnaient pas cette oraison funèbre pour d'autres raisons que les modernes : ils n'y trouvaient pas le nerf de l'orateur, ce que, dans l'antiquité, on appelait la **δύναμις**[3], la **δεινότης**[4] et ce que, de nos jours, nous appelons « l'esprit démosthénien »[5]. Le tout est de savoir si cet esprit est susceptible de variations[6], s'il est compatible avec les oraisons funèbres en

1. Le mot qui est de P. Treves (*loc. cit.*, p. 169), a été littéralement reproduit par G. Mathieu (*Démosthène*, Paris, 1948, p. 118-119).

2. Voir Wilamowitz (*Der Glaube der Hellenen*, 1932, II, p. 220) ; W. Jaeger (*Demosthenes*... Berlin, 1938, p. 90). On lira la riposte spirituelle de M. Pohlenz (*op. cit.*, p. 67).

3. C'est le mot de Photius (voir *supra*, p. 24, n. 4).

4. C'est le mot de Denys d'Halicarnasse (*Thc.*, 53) quand il énumère les qualités de Démosthène : τοὺς τόνους καὶ τὸ πικρὸν..., τὴν ἐξεγείρουσαν τὰ πάθη δεινότητα. D'une manière plus générale, voir L. Voit, Δεινότης, Leipzig, 1934, p. 41-46 et p. 153.

5. C'est l'expression de G. Mathieu, *op. cit.*, p. 119.

6. La δεινότης, qui est à la fois habileté oratoire et force persuasive, sait s'adapter aux circonstances : voir P. Costil, *L'esthétique littéraire de Denys d'Halicarnasse*, p. 485-501 (exemplaire dactylographié).

général, et celle des morts de Chéronée en particulier. C'est une affaire de goût plus que de philologie.

Un premier fait, qui brûle les yeux, mais dont on ne s'avise pourtant jamais assez, c'est que cette oraison funèbre est la seule, de toutes celles que nous possédons [1], qui déplore une défaite, on devrait dire la défaite. Il faut se figurer l'orateur parlant au cimetière du Céramique devant les cercueils, rangés par tribus [2], des mille morts qui ont succombé dans une seule journée, sans compter, peut-être, les victimes de la campagne de printemps [3]. Malgré les remous d'une faction qui s'oppose à sa nomination, Démosthène est largement soutenu par le peuple : il en a l'assurance; on ne lui demande pas de comptes. Ses sentiments, il n'est pas difficile de les imaginer. C'est un mélange de tristesse et de prudence.

Sa tristesse est celle de tout le monde, mais c'est surtout la sienne propre : il a obtenu de haute lutte l'alliance de Thèbes, les soldats se sont bien conduits, mais son plan a échoué. La prudence lui impose de ne pas provoquer par des paroles intempestives l'ennemi, maintenant le Maître [4], dont depuis quinze ans il démasquait les plans et qu'il vitupérait sans retenue [5]. Ce dernier a accordé par intérêt une paix très avantageuse au regard de celle

1. Même en comptant l'*Epitaphios de* Lysias, qu'on ne peut situer avec certitude à un moment précis de la guerre de Corinthe, vu le vague de l'exposé (Voir Lysias, éd. Gernet-Bizos, t. I, p. 42).

2. Thc. II, 34.

3. Sur cette campagne, voir Dém., *Cour.*, 216. « Les listes funéraires que nous possédons ne portent jamais, dans l'intitulé, le nom d'un archonte athénien; la période qu'elles embrassent ne coïncide donc pas avec une année civile. » (Hauvette, *op. cit.*, p. 164). On sait que l'année civile commençait à peu près en juillet.

4. Κύριος (20); voir aussi 25; ἡγεμών (21). C'est le titre d'ἡγεμών que prit Philippe comme chef du *Synédrion* de la ligne de Corinthe, peut-être dès l'automne 338. Voir *Syll.*[3], I, 260, a, 21; Diod., XVI, 89, 1; XVII, 4; Justin, IX, 4, 2 (*dux*).

5. Sur l'entourage du prince, voir par ex. Dém., *Deux. Ol.*, 18-19.

qui fut imposée aux Thébains, lui seul a rendu possible cette cérémonie funèbre, et les malheurs que Démosthène avait prédits aux Athéniens [1], en cas de défaite, leur ont été épargnés. Ainsi, en cette journée, l'homme d'action qu'il est doit reconnaître son échec en public, le patriote doit ménager un adversaire détesté, et le moins rhéteur des Athéniens doit se prêter aux artifices de l'éloquence formelle. Il n'arrive pas très souvent dans l'histoire que le représentant autorisé d'un pays vaincu ait à se prononcer ainsi sur son échec sous le regard de son ennemi. Tous ces sentiments se lisent dans notre discours.

Le deuil qui enveloppe la ville [2], cette paralysie des affaires [3], seul un faussaire eût développé ce thème facile. Il suffisait à Démosthène de le mentionner sobrement, comme aussi cette dignité dans la douleur qui seule sied aux Athéniens [4] : ici le pathétique ne réside pas dans la peinture des sentiments, mais dans le simple rappel de ce que tout le monde voit : le discours n'est pas écrit pour la postérité, mais pour le public d'un moment. Un jour de défaite, un orateur ému n'a pas besoin d'expliquer longtemps à ses auditeurs le spectacle humiliant qu'ils ont sous les yeux : c'est une tentation, en revanche, à laquelle un sophiste éloigné de ces événements n'eût pas manqué de céder.

Cette gêne de Démosthène explique aussi deux passages qui sont parfois considérés comme la marque d'un vain rhéteur. La « captatio benevolentiae » d'abord [5]. Démosthène, après avoir passé en revue les hauts faits des ancêtres, sur lesquels il n'insiste guère pour les raisons qu'on devine, n'a qu'une hâte, c'est de parler de ses contemporains. Or, ici, il s'arrête un instant et demande la bienveillance des auditeurs. Lieu commun, pourrait-on croire. N'est-ce pas plutôt chez Démosthène le signe d'un embarras, bien naturel, au moment d'aborder un endroit épineux, qui, on le verra, lui a donné de la tablature? Au reste,

1. *Chers.*, 39-41; *Quatr. Phil.*, 11-16.
2. 24-32.
3. 32.
4. 35. Cf. les conseils de Platon (*Rép.*, 604 b).
5. 13-14.

cet élan suivi d'une hésitation peut apparaître comme un trait de son caractère.

L'allocution adressée aux tribus ensuite [1]. On voit parfois dans ce catalogue sec un développement mécanique. Mais quelle idée aurait eue un rhéteur de placer ici ce morceau sans couleur [2] qui rompt avec tous les usages connus des oraisons funèbres? C'était immanquablement éveiller la suspicion. En fait, si l'on se souvient de l'accueil exceptionnel que les proches parents des soldats, c'est-à-dire des représentants des dix tribus, ont réservé à Démosthène, ne faut-il pas voir là une façon habile d'adresser un mot élogieux à tous les parents des morts sans avoir à les nommer? On remarquera que ce catalogue est dressé d'après l'ordre officiel [3], ce qui supprime toutes les questions de préséance. Comme d'autre part les cendres des morts de chaque tribu étaient enfermées dans un cercueil collectif, on conviendra que le rythme de cette liste, fastidieux à la lecture, pouvait, lors de la déclamation, retentir comme une suite de citations militaires accompagnées d'un geste, et provoquer une certaine émotion patriotique [4].

1. 27-31.

2. Du moins au goût des modernes. On connaît l'attrait des anciens pour les listes de noms propres (remarque de R. Klaerr) : voir par ex. Eschyle, *Suppl.*, 243-273; *Prom.*, 709-735.

3. On peut voir des spécimens de ces listes dans Michel, *Recueil d'inscr. gr.*, Nos 580, 1028. Sur cet ordre, différent de celui que l'on trouve dans les sources littéraires (par ex. Paus., I, 5), voir J. Sykutris, *op. cit.*, p. 246, et W. How-J. Wells, *A Commentary on Herodotus*, VI, 111, 1. On sait par Pausanias (I, 32, 3) que le monument de Marathon comportait des stèles avec la liste des morts par tribus, de même que le cimetière du Céramique (id. I, 29, 4); nous possédons quelques fragments de listes funéraires athéniennes, où se lisent des noms de tribus (voir Dittenberger, *Syll.*³, I, 43 et 77, cette dernière avec 4 tribus consécutives, dans l'ordre attendu).

4. Les tribus ne servaient pas seulement de « circonscription militaire » (voir *supra*, p. 13, n. 5); la vie collective, avec toute son émulation, se fondait sur elles, par ex. pour la répartition des liturgies et pour les fêtes publiques : les

Reste le plus important, c'est-à-dire ce qui touche à la défaite elle-même. Démosthène s'étend là-dessus dans un passage très tourmenté [1] et dans lequel il a varié. Il apporte d'abord des raisons humaines. Après avoir rappelé clairement, mais avec assez d'habileté pour ne pas heurter un auditoire composite, le mauvais vouloir des Grecs dans la lutte contre Philippe, il reconnaît sans ambages la bravoure dont ils firent preuve au moment décisif. La discrétion de Démosthène sur son propre rôle, l'effacement de sa personne, si inhabituel chez lui, mais si compréhensible à cette heure, tout, dans cette période ample, mais sans fausse symétrie, crie l'authenticité [2].

Démosthène parle ensuite [3] du courage des troupes et, en s'opposant au préjugé qui associe la bravoure et la mort [4], il revendique le titre de soldats valeureux même pour les survivants qui sont restés à leur poste. Nul doute que Démosthène ne songe un peu à lui et qu'il ne faille voir ici le besoin de répondre à des adversaires fâchés de voir revenu sain et sauf celui qui préconisait la lutte à outrance : c'est peut-être de ce sentiment de malveillance qu'est née l'accusation de lâcheté que développera plus tard Eschine dans le discours *contre Ctésiphon* [5]. En tout cas, il était difficile pour Démosthène d'exalter uniquement les morts sans qu'il s'enveloppât lui-même dans la répro-

chorèges étaient présentés par les tribus (Arist., *Const. d'Ath.*, 56, 3) et ce sont elles qui étaient censées rapporter la victoire. Or, les *Epitaphia* comportaient aussi des jeux (voir 13 et 36). Quant aux héros éponymes mentionnés par Démosthène, on sait qu'ils avaient chacun leur statue sur l'Agora, non loin de la Tholos (Paus., I, 5, 2-3). Ils avaient été choisis par la Pythie sur une liste de cent héros établie par Clisthène (Arist., *Const. d'Ath.*, 21, 6). En eux s'incarnait le vieil instinct de la race (voir F. Robert, *Thymélé*, Paris, 1939, p. 135-137; P. Lévêque et P. Vidal-Naquet, *Clisthène l'Athénien*, Paris, Les Belles Lettres, 1964, p. 70-71).

1. 15-24.
2. 18.
3. 19-20 .
4. Se rappeler le mot qu'Eschine prête à Démosthène (*Contre Ctés.*, 160) : « La bravoure s'achète avec le sang ».
5. Voir *supra*, p. 15, n. 1.

bation qui pouvait en résulter pour les survivants. Ce passage, où le raisonnement s'appuie sur une protestation, n'a rien du lieu commun qu'en a tiré Lycurgue [1].

Quant à la paix offerte par Philippe, Démosthène l'attribue à la peur que celui-ci éprouvait de recommencer un combat en Attique même [2] : raison fort plausible, à cette réserve près que la flotte des Athéniens devait plus que leur infanterie lui donner à réfléchir. Or, Démosthène emploie ici le mot d'aveuglement [3] pour définir cette conduite hésitante. On s'en est inquiété [4] sur la foi d'un passage de Polybe [5] et au nom de la logique : Philippe pouvait-il être tout ensemble prudent et aveugle? En fait, il ne faut rien changer au texte. La pensée de Démosthène oscille entre le point de vue des Athéniens, qui se félicitent de la crainte qu'ils ont inspirée [6], et le point de vue de Philippe que Démosthène, sans se contrôler, moleste au passage [7]. Cette contradiction est le signe même de la vie.

Ce n'est pas la dernière. Démosthène vient aux responsables de la défaite [8]. Ici, il présente deux versions des faits, absolument inconciliables. Dans une première phrase, il s'en prend aux chefs des Thébains qui ont été préposés aux opérations et non à leurs troupes invincibles, entendons le fameux Bataillon sacré [9]. Il est remarquable que Démos-

1. *Contre Léocrate*, 48-49. Voir l'appendice de P. Maas à l'article de J. Sykutris (p. 258-260), où il montre la dépendance de Lycurgue.

2. 20.

3. 'Αγνωμοσύνη (20).

4. Par ex. J. Sykutris (*op. cit.*, p. 248, n. 5) et M. Pohlenz (*op. cit.*, p. 58, n. 2).

5. V, 10, 2. On dirait que dans ce passage sur la clémence avisée de Philippe, Polybe prend le contre-pied de Démosthène.

6. Voir l'ironie d'Eschine sur les victimes défavorables qui, au dire de Démosthène, auraient détourné Philippe d'envahir l'Attique (*Contre Ctés.*, 131).

7. Bien vu par J. Sykutris, *op. cit.*, p. 249.

8. 21-22.

9. Sur la conduite de ce bataillon, voir Plut. *Pélop.*, 18, 7. Il était formé de trois cents soldats qui moururent tous sur place. Il implique contradiction de dire, comme G. Glotz

thène ne désigne aucun général athénien comme responsable. Quant à Théagénès [1], qui commandait ledit bataillon des Thébains, que lui reprochait-il? Il est mort à leur tête. Mais le pluriel qu'emploie Démosthène, lorsqu'il parle *des* chefs thébains, autorise peut-être à reconnaître ici Proxène, le Thébain qui a dégarni au printemps le col de Kytinion, ouvrant ainsi à Philippe l'accès de Chéronée [2]; toutefois, on pourrait alors s'étonner que Démosthène n'eût pas songé à flétrir, en même temps que lui, le stratège athénien Charès [3] qui lui était adjoint.

Quoi qu'il en soit, certains manuscrits juxtaposent une seconde phrase analogue à la précédente par sa tournure, mais où Démosthène tient un tout autre langage : on ne peut, dit-il, incriminer dans cette aventure ni les troupes de Philippe ni les nôtres, mais seulement la Fortune. Des chefs thébains [4], plus un mot. Il est évident qu'il faut

et R. Cohen (*Histoire grecque*, III, p. 359-360), que le « bataillon sacré, Théagénès en tête, se fit tuer sur place jusqu'au dernier homme » et ensuite que les Thébains n'enfermèrent dans leur ossuaire que deux cent cinquante squelettes. En fait, tout le bataillon périt et sans doute n'était-ce là « qu'un petit nombre des braves qui tombèrent à côté d'eux », comme le remarquent les mêmes auteurs, en accord, précisons-le, avec Diodore (XVI, 86) qui assimile les pertes athéniennes et les pertes thébaines. Sur les autres troupes de l'armée thébaine et leur répartition du temps de Démosthène, voir Plut., *Pélop.*, 19,3.

1. Din., *Contre Dém.*, 74.
2. *Id.*, *ibid.*
3. Polyen, IV, 2, 8; Eschn., *Contre Ctés.*, 146.
4. Voir M. Pohlenz, *loc. cit.*, p. 59-60. Toutefois, il a trop tendance, ainsi que J. Sykutris (*loc. cit.*, p. 250), à réunir sous le nom ambigu de *chefs*, à la fois les généraux thébains de cette guerre et les exilés pro-macédoniens qui furent ramenés dans leur patrie par Philippe après la défaite (voir Justin, IX, 4, 8), et que Démosthène avait toutes raisons de ne pas aimer. Ainsi, prétendre, comme le fait M. Pohlenz (*loc. cit.*, p. 61), que Démosthène, en rendant le seul Créon (8) et non tous les Thébains, responsable du refus d'inhumer les *Sept*, vise les *chefs* oligarchiques de Thèbes installés par Philippe, c'est abuser d'une interprétation allégorique qui assimile trois cents chefs à un seul tyran, et surtout négliger l'exemple

choisir entre l'une ou l'autre version, ou plutôt elles sont toutes les deux authentiques, mais se placent à un moment différent du temps, comme l'a pressenti M. Pohlenz [1]. A ses arguments, on peut ajouter que, sur l'heure, Démosthène, comme beaucoup de ses contemporains, chercha un responsable de cette défaite. Il ne voulut pas s'en prendre aux Athéniens; il s'en prit aux chefs thébains : peut-être était-il humilié d'avoir dû leur concéder l'autorité suprême. C'est un grief qu'on lui avait adressé [2] et sur lequel il n'aime guère à revenir dans le discours *sur la Couronne* [3]. Mais lorsque, en 335, sur la fausse nouvelle qu'Alexandre était mort, Thèbes s'insurgea et fut rasée au point de provoquer l'apitoiement d'Eschine lui-même [4], on comprend que Démosthène ait substitué à la première version, une seconde, où il passait l'éponge sur cette responsabilité des chefs thébains; et voilà pourquoi cette deuxième version, définitive, s'accorde avec le discours *sur la Couronne* où l'on ne lit aucune récrimination ni contre les généraux athéniens ni contre les généraux thébains [5].

Quant aux raisons religieuses alléguées par Démosthène [6], on peut passer vite sur elles. Elles s'ajustent avec ce qu'il dit par ailleurs du rôle de la Fortune [7]. Sans être simpliste, on peut dire qu'il approuve, en homme d'action, l'adage universel : aide-toi, le ciel t'aidera. Cela, il l'a proclamé à maintes reprises. Mais, où il est bien Grec, c'est lorsqu'il reconnaît les limites de l'homme et l'impossibilité de

des *Suppliantes* d'Euripide et le rôle important qu'y joue Créon.

1. *Loc. cit.*, p. 59-60. Il ne tient pas assez compte des malheurs de Thèbes après Chéronée en 335.

2. Voir en particulier Eschn., *Contre Ctés.*, 143.

3. 195; dans ce passage, il évite d'indiquer les clauses précises du fameux traité d'alliance qui fait sa fierté.

4. *Contre Ctés.*, 156, 240; il ne faut d'ailleurs pas se méprendre sur la sincérité de ce sentiment (voir *ibid.*, 133).

5. Voir *supra*, p. 16, n. 4.

6. 19-20.

7. Voir, par ex., *Sur la Cour.*, 254, 271, 275, 306. Sur le rôle de la Fortune à Chéronée, voir *ibid.*, 194, 200, 207.

tout obtenir par ses propres forces. En cas d'échec, si l'on a tout fait, c'est la Fortune qui est responsable. Toutefois, Démosthène ne se soumet pas de gaieté de cœur à cet arrêt, et, tout à la fin de son oraison, il a, pour exprimer la responsabilité du Ciel, des mots où la soumission étouffe difficilement un mouvement de révolte [1] : il n'était pas mûr pour le stoïcisme [2].

Et maintenant, que l'on relise tout le morceau relatif à Chéronée : les hésitations des Grecs, leur brusque revirement, la conduite prudente de Philippe, les responsabilités des Thébains et des Athéniens, et surtout cette fin [3] où l'auteur, en même temps qu'il loue la bravoure de ces hommes, parle du déshonneur où est tombée la Grèce : il faut plaindre ceux qui, dans ces lignes tourmentées, contradictoires, pleines de repentirs et qui se terminent sur cette étrange image du soleil disparu de ce monde, ne consentent pas à reconnaître la main de Démosthène.

En fait, tout, dans cette oraison, et jusqu'à ses anomalies, autorise l'attribution à Démosthène, pour peu qu'on la replace en son temps : une répugnance avouée pour la rhétorique, une hâte, sensible surtout dans l'utilisation de la mythologie [4]; la composition, où la liste des tribus devrait bien plutôt apparaître comme une signature authentique; le ton modéré qu'il est abusif de rattacher uniquement au genre tempéré de l'éloge [5]; cette impression

1. 37.

2. Il y a loin de cette protestation de Démosthène au ton résigné des deux épigrammes composées en l'honneur des morts de Chéronée, dont l'une se trouve dans l'*Anth. Pal.* (VII, 245) et l'autre dans le discours *sur la Couronne* (289). Sur leur authenticité, voir Dém., *Cour.*, éd. Mathieu, Les Belles Lettres, p. 116, n.

3. 24.

4. Voir 4-5 et *supra* p. 19, n. 6. Voir aussi une variante dans la légende des Léontides (29), un lapsus dans celle des Acamantides (29) et d'Oenée (30). Il s'agit en fait dans tous ces exemples de légères confusions plutôt que d'erreurs (voir p. 122, n. 2 et 3 *in fine*), ou même de variantes propres au IVe siècle.

5. Comme le fait J. Sykutris, *op. cit.*, p. 256.

de « chose vue » que laisse le tableau esquissé de la guerre [1] et d'Athènes vaincue; les contradictions aussi, qui sont marque de gêne, et même ces aveux mal étouffés sur la résistance des Grecs [2], sur leur rébellion désormais impossible [3], qu'un rhéteur ou bien aurait supprimés par habileté, ou développés par faiblesse. Si, à première vue, ce discours étonne les familiers de l'orateur, à la réflexion, on ne voit guère ce que Démosthène pouvait écrire d'autre en pareille circonstance : il a mis une sourdine à ses protestations qui, ici, n'étaient plus de saison, car il n'avait ni à critiquer ses compatriotes ni à reprocher de trahison à Philippe [4].

Lorsque, plus tard, dans le discours *sur la Couronne*, il reparle de ces événements [5], le ton certes change, mais non pas le fond de ses idées. Et si le ton change, c'est que les évidences de 338 sont niées par son adversaire. Démosthène les rappelle à nouveau avec une fougue lucide, qui éclipse l'*Oraison funèbre*, mais qui ne doit pas nous donner le change sur ce que fut en réalité cette dernière. En 330, huit ans après « les événements » [6], Alexandre progressait en Asie [7], l'humiliation du moment était passée et il était loisible à Démosthène de refaire une oraison funèbre plus

1. 20 (et la note), 23, 32 (n. 11, p. 124).
2. 20, 23.
3. 23 (n. 2, p. 61).
4. Il se mêle, en effet, à la tristesse de Démosthène, un sentiment d'admiration pour son adversaire. Voir, dans *La Troisième Philippique* (52), l'aveu que ce dernier est supérieur aux Athéniens en bataille rangée; semblable aveu se lit dans le discours *sur la Couronne* (194). Voir aussi ce qui est dit plus loin (p. 49) sur une variante concernant la bravoure de Philippe.
5. 169-222.
6. Telle est la date admise couramment pour le procès de la Couronne (voir l'éd. Mathieu, Paris, les Belles Lettres, 1947, p. 9). L. Canfora s'est appliqué à montrer que le procès remontait à 336 (dans *Per la cronologia di Demostene*, Bari, 1968, p. 103-115). Ses arguments ne m'ont pas semblé irréfutables : voir *R.E.G.*, 82 (1969), p. 658-662.
7. Il faut relire la page d'Eschine (*Contre Ctés.*, 132-134), où s'exprime son étonnement devant cette épopée d'Alexandre qui bouleverse la vieille politique des Cités.

éclatante : c'est ici que son rôle primordial à lui [1], que la bravoure des héros de Marathon [2] étaient à leur place, mais non dans l'*Oraison funèbre.*

Démosthène avait le sens de l'opportunité. Il savait se plier aux circonstances. Il a su plusieurs fois consentir à l'inévitable, par exemple au moment de la paix de Philocrate. Vouloir qu'au lendemain de Chéronée il ait adressé aux Athéniens une harangue enflammée, c'est le voir à travers Plutarque, c'est le fixer dans une attitude immuable, c'est exiger dans tous les actes de sa vie une tension « qui réponde à l'énergie de ses discours » [3].

1. 173.
2. 204-208.
3. Plut. *Dém.*, 26; voir aussi *ibid.*, 13 : « Jamais on ne le vit dévier ou biaiser ni dans ses paroles ni dans ses actions ».

II

SURVIE DE L'*ÉPITAPHIOS*

S'il n'est pas prouvé que ce discours fut publié du vivant de Démosthène [1], il n'en exerça pas moins une certaine influence que nous pouvons relever d'abord chez quelques contemporains de l'auteur qui avaient pu l'entendre prononcer.

En 335, comme Alexandre, après la révolte de Thèbes, exigeait des Athéniens la remise de dix hommes responsables, dont Démosthène lui-même, Phocion appuya cette requête en prononçant à l'Assemblée un discours en partie résumé par Diodore [2] : « Les otages, dit-il, devaient imiter les filles de Léos et les Hyacinthides, et affronter la mort de plein gré pour épargner à leur patrie des maux irréparables » : rappel assez perfide d'un passage de l'*Épitaphios* où Démosthène, son ennemi politique, avait signalé l'héroïsme de ces femmes. Phocion, d'ailleurs, qui citait sans doute de mémoire, introduisit plus de confusion encore que Démosthène [3] dans ces légendes.

En 331-330, Lycurgue, dans son plaidoyer *contre Léocrate* qui se rapporte aux événements de Chéronée, trouve le moyen de glisser une manière d'oraison funèbre en raccourci [4] en l'honneur des morts de cette journée. Lui dont l'éloquence un peu raide juxtapose des développements tout préparés, exploite à deux reprises les données de l'*Oraison funèbre* de Démosthène : comme lui [5], il

1. Voir *infra*, p. 49.
2. XVII, 15, 2.
3. Voir *Epit.*, 29, n. 2.
4. *Contre Léocr.*, 46-51.
5. *Epit.*, 4.

appelle les Athéniens les fils légitimes de l'Attique [1], et, comme lui [2], il affirme que, tout morts qu'ils sont, ils ne sont pas vaincus [3]. P. Maas n'a eu aucune peine à montrer [4] qui, de Démosthène ou de Lycurgue, est l'imitateur de l'autre : Démosthène, après avoir trouvé une formule, passe sans insister; Lycurgue s'en empare et la ressasse jusqu'à l'hyperbole. Même dans sa « médiocrité », l'oraison de Démosthène apparaît sobre, dans ces passages, comparée à l'autre discours.

En 322, Hypéride, dans son *Oraison funèbre* de Léosthène, se souvient visiblement de Démosthène en plus d'un endroit : il lui emprunte l'idée que les morts sont délivrés des maux de la vie [5] et surtout l'image si expressive du soleil qui éclaire le monde : mais, chez Démosthène [6], cette image est très bien préparée et intimement adaptée au contexte : après Chéronée, déplore-t-il, la lumière vient brusquement de s'éteindre et l'honneur des Athéniens gît dans les ténèbres; chez Hypéride [7], il en va autrement : le soleil, dit-il, luit sur le monde comme Athènes fait régner la justice : cette comparaison, mal préparée au début de son discours, « ne laisse pas d'être un peu subtile » [8].

Rien, chez ces trois imitateurs, n'impose l'idée qu'ils ont lu Démosthène, mais simplement qu'ils l'ont entendu : des exemples, quelques formules, une image vive restent facilement en mémoire, surtout lorsqu'il s'agit d'un discours qui a dû être particulièrement écouté.

1. *Contre Léocr.*, 48.
2. *Epit.*, 19.
3. 49. Comparer aussi l'*Epit.*, 23, et *Contre Léocr.*, 50 (la vaillance de ces héros est l'âme de la Grèce) ; rapprocher enfin le développement sur les guerres médiques chez Démosthène (10) et Lycurgue (104).
4. Voir *Hermes*, 1928, p. 258-260 (appendice de l'article, cité p. 9, de J. Sykutris).
5. Comparer Hyp., *Or. fun.*, 43 et Dém., *Or. fun.*, 33.
6. *Or. fun.*, 24.
7. *Or. fun.*, 5.
8. G. Colin, éd. d'*Hypéride*, Paris, Les Belles Lettres, 1946, p. 293, n. 1.

Démosthène lui-même ne renia pas cette œuvre : non seulement il la retoucha [1], mais encore il s'en souvint dans des œuvres postérieures. Le discours *sur la Couronne*, sans se référer nommément à l'*Oraison funèbre*, du moins en reproduit les grandes idées sur la Fortune, la bravoure des soldats et la conduite de la guerre [2]. Plus tard, dans deux passages des *Lettres* écrites par lui en exil, il rappelle, avec une liberté d'expression qui n'a rien d'un plagiaire, les passages de l'*Oraison* sur l'échec immérité des Athéniens [3] et sur la hardiesse de Philippe qui risqua toute sa chance à Chéronée [4].

Après la mort de Démosthène, on trouve encore des échos de cette *Oraison funèbre* non pas chez Plutarque, plus épris, par goût de l'héroïsme, du discours *sur la Couronne*, mais chez Polybe [5] et chez Lucien [6]. Les grammairiens et lexicographes de l'Empire citent volontiers cette œuvre [7], mais presque tous, influencés par Denys d'Halicarnasse, la retirent à Démosthène [8] : c'est pourquoi Alexandre cite librement la fin de notre oraison [9] comme exemple d'**ἀντεισαγωγή** sans prononcer le nom de Démosthène. En revanche, beaucoup plus tard, Doxopatrès en cite le début [10] dans un texte tout contaminé, et il l'attribue à Démosthène. On ne peut négliger tous ces témoignages

1. Voir *infra*, p. 45 et suiv.
2. Voir *supra*, p. 32, n. 5 et 7.
3. *Lettre* II, 5 (comparer l'*Epitaphios*, 21).
4. *Lettre* III, 12 (comparer l'*Epitaphios*, 20).
5. Voir *supra*, p. 30, n. 5.
6. Voir *Epit.*, 21, n. 2. Malgré L. Voit, Δεινότης, Leipzig, 1934, p. 74 et J. Bompaire, *Lucien écrivain*, Paris, E. de Boccard, 1958, p. 144, n. 3, il n'y a aucune raison décisive d'ôter à Lucien la paternité de l'*Éloge de Démosthène ;* voir la conclusion prudente de F.. Albers, *De Luciani Samosatensis quae fertur Demosthenis laudatione*, Leipzig, 1910, p. 40.
7. Voir *supra*, p. 24.
8. Toutefois, Pollux, II, 15 attribue le passage qu'il cite (*Epit.*, 36) à Démosthène.
9. *Epit.*, 36 (voir Walz, *Rhet. gr.*, VIII, 457). Alexandre vivait sous Adrien.
10. *Epit.*, 1 (voir Walz, *Rhet. gr.*, II, 450).

de survie et d'exploitation, mais ils le cèdent à un autre que nous donne Jean Sophianos [1].

Cet exilé de Constantinople a traduit du grec en latin un ouvrage sur les *Machines de guerre* dont il a dédié un exemplaire à L. della Valle [2] et un autre au Cardinal Bessarion [3], sous Pie II, entre 1458 [4] et 1463 [5]. Le manuscrit dédié à Bessarion contient en outre des dits mémorables traduits du grec et enfin la traduction latine de l'*Oraison funèbre* de Démosthène [6] : il n'y a aucune raison de retirer à Sophianos la paternité de ce dernier travail, sous prétexte que la dédicace des *Machines de guerre* n'en fait pas état : tout le manuscrit est écrit de sa main, et Bessarion, qui y a ajouté lui-même son *ex-libris* [7], a pris assez d'intérêt à cette traduction de l'*Épitaphios*, pour l'amender et la rectifier en quelques endroits, sans doute avec le secours d'autres manuscrits.

Cette traduction vaut la peine d'être consultée pour deux raisons. D'abord l'esprit critique de Sophianos : en général il fonde son texte sur la première famille [8]; mais parfois il sait utiliser la seconde [9]. Il cherche à comprendre le texte qu'il traduit et, sans autre avertissement, il transpose au § 21, 2-4 [10], le membre de phrase déplacé

1. Voir A. Dain, *Une traduction latine de l'Oraison funèbre de Démosthène* (*R.E.L.*, t. XI, 1933, p. 324).

2. *Laur.*, XLV, 18.

3. *Marc. lat.*, 339 (1550). Ces deux manuscrits sont de la main de Sophianos.

4. Date de l'élection de Pie II : il est mentionné dans la dédicace à della Valle.

5. Date de la nomination de Bessarion comme patriarche de Constantinople.

6. Elle y figure de la page 67^{r} à la page 73^{v}.

7. « C'est le n° 130 de l'inventaire (1468) des manuscrits latins de Bessarion : « Item Machinae bellicae... » (p. 46 de l'éd. Omont, tirage à part de la *Revue des Biblioth.*, mai-juin 1894). » Je dois cette note à J. Irigoin.

8. Voir 7 et 13 (apparat).

9. Voir par ex., *Epit.*, 7 et l'apparat.

10. Voir l'apparat *ad. loc.* et la n. 1 de la traduction française. On trouvera plus loin dans *l'Appendice*, p. 67, la traduction qu'il a donnée de ce passage.

dans tous nos manuscrits : on croira difficilement que Sophianos disposait d'un exemplaire où le texte était bien établi ; il y aurait beaucoup plus de risque à le supposer qu'à s'en remettre sur ce point au bon sens de notre interprète. Aussi le témoignage de sa traduction ne sera-t-il utilisé que subsidiairement pour l'établissement du texte.

L'autre raison qui rend son travail intéressant tient au temps où il l'a composé. Il prétend dans ses préfaces que les traités militaires sont appropriés aux circonstances : c'était un exilé, comme Bessarion, et il a fait l'éloge de Pie II [1] (lequel devait entreprendre une croisade contre les Turcs, interrompue par sa mort survenue à Ancône). Peut-être Sophianos, en terminant par l'*Épitaphios* un livre qui débute par un ouvrage de tactique, a-t-il vu dans l'*Oraison funèbre* le digne complément de conseils sur l'art militaire ! En tout cas, on ne peut oublier les idées qu'un peu plus tard inspire à l'éditeur Wolf le passage de l'*Épitaphios* relatif aux Amazones refoulées par les Athéniens [2] : dans une note [3], il transpose cette campagne des Grecs contre les Scythes en une croisade des chrétiens contre les Turcs. Rêverie étrange, mais que Matthaei non plus ne dédaigne pas d'approuver deux cents ans plus tard dans son édition [4]. Ce n'est pas le sort le moins curieux de cette *Oraison funèbre* qu'en dépit de son pathétique mineur, elle ait pu longtemps inspirer à des humanistes de cabinet des idées de revanche.

1. A la fin de la dédicace à della Valle.

2. Voir *Epit.*, 8.

3. En voici un extrait : « Illud nostra interest cavere, ne Scythicae gentes toto christiano adhuc reliquo orbe propter intestina bella nostra potiantur » (p. 76 des *Annotationes* de l'édition de 1572).

4. *Plutarchi libellus de Superstitione et Demosthenis Oratio funebris...*, Moscou, 1778.

III

LA TRADITION MANUSCRITE

A défaut de papyrus, le texte de l'*Épitaphios* est transmis par cinquante-trois manuscrits [1] qui se répartissent en deux familles, pour lesquelles on retiendra respectivement ici SYPrvW, d'une part; F et Q, de l'autre.

Ces deux familles remontent au même archétype, comme le prouvent des fautes communes à tous nos manuscrits [2].

L'existence des deux familles est établie par une faute d'onciale [3] et une lacune [4] propres à tous les manuscrits de la première famille (abstraction faire des corrections ou variantes tardives apportées au texte primitif).

Cette dualité est confirmée par deux particularités qu'on étudiera séparément : d'abord des leçons propres

1. Les manuscrits d'extraits (n°s 270, 274 et 277 de L. Canfora) n'apportent rien d'utile, non plus que les deux traductions latines connues de l'*Epitaphios* : celle de J. Sophianos, d'abord (voir *supra*, p. 39), celle de J. Lapo le Jeune, ensuite, contenue dans le *Laurent.* 89 inf. (du xve siècle), faite sur un manuscrit de la première famille.

2. Voir l'apparat à 4 (εἰς τὰς) ; 6, (ἔχει) ; 23, (οὖν) ; 25, γοῦν ; 26 (ὥστε) ; 30 (υἱὸν ὄντα ; λεγόμενος) ; 31 (προσήκειν) ; 35 (γεγονότας).

3. Voir 18, προείλοντο pour προείδοντο.

4. Voir 17 l'apparat : la présence de P à côté de F et Q s'explique ici parce que ce manuscrit a été écrit avec le secours du manuscrit F (voir *infra*, p. 44). Enfin, les deux manuscrits *Barocci*, par ailleurs tout à fait différents de F et Q, ont reçu de seconde main des corrections ou variantes venues de la seconde famille.

à chacune des familles — la première étant fortement contaminée par l'autre —; puis une double rédaction de l'*Épitaphios* qui nous est transmis sous une forme différente dans chaque famille.

La deuxième famille [1].

Les manuscrits F et Q à eux seuls représentent cette famille [2]. Leurs descendants sont inutiles. F et Q donnent des variantes marginales en général empruntées à la première famille; en outre F comporte des leçons interponctuées, que Q a le plus souvent incorporées dans son texte : ce dernier est toutefois utile pour corriger des bévues de F : aussi bien, ne dépendent-ils pas l'un de l'autre [3]; ils descendent du même modèle, sans doute directement transcrit de l'onciale et muni de ces variantes interponctuées de type ancien que seul F a conservées.

Ces deux manuscrits, malgré quelques fautes, donnent un texte souvent très supérieur à celui de l'autre famille.

La première famille.

Aucun manuscrit ne la représente à l'état pur. Seule, la comparaison des plus anciens d'entre eux permet d'y voir clair [4].

1. Depuis la « découverte » de S au XIXᵉ siècle, on a l'habitude de le classer dans la première famille; je me conforme à cet usage; mais il est plus clair de commencer l'exposé par la seconde famille.

2. On a vu plus haut (p. 4) le cas des descendants de F; on n'en connaît pas de Q. — A noter le manuscrit *Vat. gr.* 2207 qui pour l'*Epitaphios* (et non l'*Eroticos*) se rattache étroitement à la tradition de F et Q, mais dépouillée des menues variantes interlinéaires ou marginales; il donne au § 22 le texte (*a*) et en marge, d'une autre encre mais de la même écriture, le texte (*b*). L'apparat n'en fait pas état.

3. Des leçons ou particularités de F ne se retrouvent pas dans Q : voir par ex. § 12 παρὰ τοῖς προγόνοις F : om. cett. (et Q).

4. Il s'agit de SPY (avec son apographe C) et des manuscrits rW (du XIVᵉ) qui ont conservé assez fidèlement une tradition plus ancienne. Les manuscrits intermédiaires par leurs dates entre PY et rW ont été plus ou moins défigurés

S. — Son texte, bien à part dans sa famille, n'a pas provigné [1]. Une concordance fréquente avec le texte de F et Q, reposant, non pas sur des variantes fondamentales, mais sur la conservation de la bonne leçon [2] ou de petits mots [3], absents dans le reste de la première famille, et dont la chute s'explique facilement avec le temps, montre que son archétype s'est détaché de sa famille dès l'antiquité et n'a pas subi les mêmes détériorations ultérieures. Ce texte comportait ses fautes propres [4], il a connu une translittération spéciale [5] et c'est apparemment sur ce texte retranscrit que le scribe de S a travaillé, non sans utiliser à l'occasion un manuscrit de la deuxième famille, sans doute l'ancêtre de F et Q : il apparaît qu'il a corrigé le texte de base dont il partait, ou essayé de concilier deux leçons [6] au prix d'un compromis boiteux; dans certains cas il a laissé un blanc [7], rempli plus tard par un autre copiste. S offre donc un texte composite et souvent illisible.

P. — Il donne aussi un texte « refait », mais avec un grand esprit critique. Son scribe a remanié son modèle, soit en

par des grattages (ex. le *Caesenatensis* D 27, 1) ou des additions marginales et servent, au même titre que Y^2, d'étapes sur la voie qui aboutit à des manuscrits dont le texte est inextricablement contaminé (ex. le *Mosquensis gr.* 241 (447 Vl.)). Ils intéressent seulement l'histoire tardive du texte de Démosthène.

1. Voir plus haut p. 3.
2. *Epit.*, 3 λοιπῶν SFQ.
3. *Epit.*, 13 ἄν SFQ (indispensable); 18 ἀπόδειξις; mais 20 τοὺς om. SFQ (à tort).
4. *Epit.*, 11 (οὐ μόνον); 14 (εἰνεγκεναι)...
5. *Epit.*, 1 (τότε); 36 (θυσιῶν pour οὐσιῶν).
6. *Epit.*, 20 τοῖς... οἰκείους S^1 (le reste de la première famille a τοῖς... οἰκείοις seul possible; F et Q ont τοὺς... οἰκείους, impossible). Voir aussi 14 : κἂν FQ (bonne leçon) : ἂν YPrvW ἂν κἂν S; et surtout 14 où S^{pc} donne ἤνεγκε καὶ (bonne leçon de la première famille) S^{ac} εἰνεγκεναι? et FQ ἐνεγκέναι καὶ (impossible) : le copiste de S avait sous les yeux un exemplaire de la deuxième famille dont il a tenté d'utiliser la leçon impossible avant de lui substituer celle de la première famille.
7. *Epit.*, 10 (voir *infra*, p. 45).

prenant quelques bonnes leçons de la seconde famille (mais sans jamais en reproduire les bévues), soit en corrigeant certaines lectures erronées de la tradition, fautes d'onciale ou mécoupures [1]. Une omission, propre à la première famille et réparée en marge [2], montre que ce travail de refonte est imputable au scribe de P dont l'attention s'est ici laissé surprendre.

YrW. — Ces manuscrits laissent mieux voir le texte de base de cette famille. Il y a tout lieu de penser qu'ils dérivent d'un modèle commun : leur accord ressortirait encore davantage si Y n'avait été souvent gratté par un scribe postérieur, dont le maquillage est toutefois décelé par le secours de C : il apparaît alors que la leçon primitive était aussi celle de rW. Il y a plus. Le scribe même de Y avait déjà retravaillé son texte de base : au § 4, il ajoute τὴν d'une écriture très resserrée : ce mot manque dans rW. Les manuscrits r et W sont souvent associés : on sait par la tradition des *Prologues* et des *Plaidoyers privés* que ces deux manuscrits dépendent de A (*Monacensis gr.* 485), manuscrit très tôt mutilé et à présent dépourvu de l'*Épitaphios* et que leurs rares divergences proviennent ordinairement de ce que leurs scribes n'ont pas toujours adopté les mêmes variantes parmi celles de leur commun modèle. On utilisera aussi le manuscrit v, très proche de rW, muni de quelques variantes utiles qu'on doit considérer comme d'heureuses conjectures.

Ainsi, la première famille descend de deux archétypes qui ont connu deux translittérations : l'un d'eux a abouti au manuscrit S; l'autre à une copie perdue, remaniée par Y et P mais beaucoup moins par A dont descendent r et W. Ces deux derniers manuscrits, quoique récents, donnent un texte moins remanié de leur famille mais aussi beaucoup moins « lisible ».

1. 31 ἡγήσατο; 32 εὐδαίμονες; voir aussi 8 οὔτε (pour οὐδέ du reste de la tradition, sauf le très récent et très contaminé *Mosqu.* 447).

2. 18 ἀπόδειξις ajouté en marge dans P (pour S, voir *supra*, p. 43).

La double rédaction. En onze passages [1], les manuscrits F et Q, associés parfois à P et Y², s'opposent nettement au reste de la tradition pour une menue variante portant sur le choix ou sur l'ordre des mots. Impossible d'exclure une leçon au profit de l'autre et de déclarer l'une démosthénienne, l'autre falsifiée. Elles se valent pour le sens : tout au plus peut-on croire que le texte FQPY² est souvent plus expressif [2], moins gauche [3] ou mieux sonnant [4] que l'autre : mais, s'agissant d'une langue morte, on se gardera de dogmatiser et de dire que le texte de la seconde famille est de meilleur aloi. On voit par l'apparat que, dans cette famille, les manuscrits F et Q ont toujours résisté à la contamination et qu'en revanche Y² et P font souvent défection [5]. L'une des variantes est très utile pour mieux juger les rapports de S et Y. En 10, le copiste de S avait laissé un blanc dans lequel un réviseur a logé le texte de la seconde famille. En revanche, dans Y, on trouve bien aussi le texte de la seconde famille, mais au-dessus d'une rature : tout illisible qu'elle est, il y a grande apparence qu'elle dissimule le texte de la première famille [6] : ce texte ne figurant pas dans S, on a là une preuve que Y ne dérive pas de S.

Restent quatre cas plus embarrassants de double rédaction, où le texte transmis a été troublé, soit que l'une des versions ait contaminé l'autre, soit que les deux se soient mêlées. Jusqu'ici, les éditeurs reproduisaient la

1. 1; 2; 7; 10; 13; 16; 23; 24; 26; 28 (*bis*) : voir l'apparat.

2. 10 : ἁπάσης s'oppose bien à πάσης (11); 28 : métonymie expressive de συγγενῆ se rapportant à θύμον; 16 οἷς χρή marque un repos dans la phrase.

3. 7 : λαμπρὰ évite la répétition excessive de καλός, une ligne plus haut; 23 : οὖσιν au sens de « vivant » est plus clair en dehors de l'enclave.

4. 1 : γεγενημένους fait avec κειμένους homéotéleute (mais 26 : ἐστι ἀποτρέψαι fait un hiatus, qu'un ν éphelcystique pouvait, il est vrai, supprimer).

5. Sauf 1 où sont associés FQY²; 10 (PFQ); 16 (PFQY²); 28 (FQY²). Il s'agit encore d'emprunts de PY² à F.

6. C'est d'ailleurs ce texte que fournit C, manuscrit qui donne un état de Y avant l'intervention de Y².

version la plus lisible, non sans quelques transformations, et ne semblaient pas soupçonner que le texte illisible auquel ils renonçaient recelait une deuxième version qu'il n'était pourtant pas très malaisé de reconstituer en regardant de près le travail des copistes. En effet, dans les manuscrits SYPrvWFQ, on trouve presque toujours le remède à côté du mal et l'on peut en général démêler les leçons des deux familles.

En 5, on voit, d'après l'apparat, que FQPrv donnent correctement εἶναι τῶν προγόνων, et que la première famille répète εἶναι en fin de phrase. Ici, une nouvelle remarque sur les rapports de S et Y; le copiste de Y a bien écrit cet εἶναι en toutes lettres; c'est Y^2 qui l'a exponctué; en revanche, le copiste de S a commencé par écrire ει, puis, pris de scrupules, a barré ces deux lettres, ce qui, une fois de plus, montre que S n'est pas la source de Y. Nul doute que le texte pur de la première famille ne comportât que le second εἶναι, l'autre εἶναι s'étant introduit de bonne heure par voie de contamination. Et si l'on constate qu'ici r et v s'associent à la deuxième famille, c'est qu'en fait leurs copistes ont adapté d'eux-mêmes leur texte sur elle sans laisser de repentir, méthode qui confirme ce qui a été dit plus haut [1] au sujet du manuscrit r et de ses rapports avec W. Ici comme souvent, W a moins fardé les faits : dans le cas présent, il nous donne, à tort mais loyalement, les deux εἶναι.

En 6, tous les manuscrits, jusqu'aux plus récents, présentent à la fois ἔχει et ἔχοντα qui font double emploi. Les éditeurs enlèvent, qui le premier, qui le second de ces verbes : il faut les garder tous les deux, mais les répartir entre les deux familles : malheureusement, nous n'avons aucune possibilité ici d'affecter d'un sigle chacune de ces leçons et j'ai dû procéder arbitrairement. En revanche, dans la même phrase, la leçon λόγων est très instructive. Le manuscrit F est seul à la fournir dans le texte, en même temps qu'il indique dans l'interligne la leçon λόγου de l'autre famille, adoptée sans variante par le copiste du manuscrit Q. C'est la leçon de F, λόγων, qui doit faire foi pour restituer le texte de la seconde famille.

1. P. 44.

En 12, voici, pour plus de clarté, comment le texte se lit dans FQY² (à gauche) et dans SYPrvW (à droite) [1].

ἡ ἐκείνων ἀρετὴ

FQY²	SYPrvW
[πολλὰ] καλὰ δίδωσιν εἰπεῖν καὶ πρόχειρα, ἃ ῥᾴδιον μέν [2] ἐστι διελθεῖν.	πολλὰ[a] δείκνυσιν αὐτὴ ἃ καὶ πρόχειρα καὶ ῥᾴδιον ἐπελθεῖν ἐστιν. [a]πολλὰ om. S

Ici, c'est du côté de YPrvW que la version est nette. Voilà pourquoi jusqu'ici c'est la seule qu'on imprimait ! La version de FQ et Y² est trouble : **πολλὰ καλὰ** est impossible [3]; impossible aussi la variante **καλὰ δίδωσιν** qu'on trouve dans v² : elle est placée de telle sorte, au-dessus de **δείκνυσιν**, que, visiblement, le copiste lisait, comme les autres, **πολλὰ καλὰ δίδωσιν.** C'est pourtant la leçon **καλὰ δίδωσιν**, dont on ne peut lui faire honneur, qui seule doit être retenue. La logique y invite et aussi quelques hésitations des copistes de F et S, qui dans la transcription de ce passage ne se sont pas sentis à l'aise; l'attraction des deux familles a été mutuelle : le copiste de F a écrit la fin de **καλὰ** dans une rature (on croit lire un **π** en dessous); de son côté, celui de S n'a écrit ni **πολλὰ** ni **καλὰ** entre lesquels il n'a pas su choisir et il a ajouté après **ἀρετὴ,** dans son embarras, un signe d'appel auquel rien ne répond en marge. Tout se passe comme si chacun des copistes, au lieu de s'en tenir à la version qu'il avait sous les yeux, s'efforçait de l'ajuster à l'autre version dont il avait le témoignage à sa portée.

1. Je mets encre crochets les mots interpolés.

2. Pour cet emploi du μέν *solitarium*, voir J. D. Denniston, *The Greek Particles* ², Oxford, 1954, p. 380-381.

3. Démosthène intercale toujours, conformément à l'habitude du grec, un καί entre πολύς et un autre adjectif (voir ainsi l'*Epitaphios*, 7), exception faite de ἄλλος (*ibid.*, 8, où l'on trouve une combinaison des deux tournures (ἄλλος sans καί et πολύς avec καί) : πρὸς πᾶσι τούτοις καὶ πολλοῖς ἄλλοις καὶ καλοῖς ἔργοις...

En 29, voici comment se répartissent les variantes entre F et Q (à gauche) et les autres manuscrits (à droite).

οἱ δὲ τοὺς

οἴκοι σύμπαντας γονέας	[οἴκοι] σύμπαντας οἰκείους γονέας
ἕνεκα τοῦ σῶσαι πῶς	[ἕνεκα τοῦ σῶσαι] πῶς οὐκ ἔμελλον
οὐκ ἔμελλον κτλ.	ὑπὲρ τοῦ σῶσαι κτλ.

Le texte de F et Q se lit très bien; celui de droite est surchargé de tout ce qui a été emprunté frauduleusement à l'autre famille, à savoir, dans l'ordre : **οἴκοι, ἕνεκα τοῦ σῶσαι.** Là encore, certains copistes méfiants ont ajusté leur texte sur celui de la seconde famille : P ne donne pas **ὑπὲρ τοῦ σῶσαι** et Y² l'exponctue; la leçon **οἴκοι σύμπαντας οἰκείους**, admissible à la grande rigueur, aux yeux des copistes, s'est transmise jusqu'au xvie siècle; en revanche, **ὑπὲρ τοῦ σῶσαι** a été, dans des manuscrits récents [1], sacrifié très vite, comme superflu et venant en dernier lieu dans la phrase.

L'analyse du style de ces quatre dernières variantes n'aboutirait, ici encore, qu'à des jugements tout subjectifs [2]. L'important est de constater qu'on n'y découvre pas la trace d'un grammairien qui aurait voulu normaliser un texte jugé maladroit et qu'elles doivent partir, comme les premières, de la main de Démosthène. Son intervention peut être confirmée par l'étude de deux passages.

On connaît déjà le premier (§ 22). Il est apparu [3] que Démosthène y a supprimé après 335 une accusation offensante pour les Thébains. — Dans le second (§ 21), figure un membre de phrase, mal placé dans tous nos manuscrits, et que Démosthène a dû ajouter après coup

1. C'est le cas du *Mosquensis Bibl. Syn.* 241 (Vl. 447).

2. On peut toutefois remarquer que la leçon λόγων (§ 6) évite un hiatus et a toutes chances d'être une correction apportée à λόγου.

3. Voir plus haut p. 32.

à tête reposée en reconnaissant à Philippe les qualités d'audace entreprenante qui ont assuré son succès [1].

On admettra sans peine que Démosthène, en introduisant après 335 ces deux variantes de fond, a modifié du même coup dans les autres passages un texte qu'il avait dû écrire très vite [2], et qu'il y a introduit alors les variantes de style étudiées les premières. Le discours ne fut peut-être pas publié sous sa première forme. Il le fut assurément sous sa seconde, comme en témoignent les amendements apportés.

Sans doute a-t-on trouvé dans les papiers de Démosthène l'original muni de ses variantes et les premières éditions « savantes » comportaient-elles les repentirs de l'auteur [3]. On devait y lire dans l'interligne les variantes peu étendues et dans la marge les additions plus longues. Quelques-unes d'entre elles sont passées de très bonne heure dans le texte et se trouvaient déjà dans l'archétype de nos manuscrits [4]. La deuxième famille, seule, a conservé la version revue du § 22 [5] et dans les autres passages remaniés on a vu qu'elle offre un texte à part, très peu contaminé : on peut donc tenir pour vraisemblable qu'elle donne partout un

1. Voir le commentaire p. 119, n. 1.

2. Voir plus haut p. 13. Démosthène n'a pas dû beaucoup tarder à modifier son texte : la nouvelle version des faits correspond aux idées professées dans le discours *sur la Couronne*, de 330 (voir plus haut, p. 32).

3. On n'oubliera pas que Démocharès, neveu de Démosthène et qui a réhabilité sa mémoire en 280, était contemporain du bibliothécaire Callimaque qui a rassemblé les œuvres des orateurs.

4. C'est le cas des variantes du § 6 (ἔχοντα) et du § 21.

5. Elle est d'ailleurs suivie *dans le texte même* du premier jet de Démosthène. La faute, qui figure à la fois dans F et dans Q, figurait donc aussi dans leur commun modèle. Le sort ultérieur du texte dans certains manuscrits éclaire sur ce qui s'est produit dans l'antiquité. Entre autres manuscrits, Y comporte en marge de seconde main le texte de la version revue emprunté à F. Or, le manuscrit O, copié sur Y^2 (voir plus haut p. 3), donne bout à bout les deux versions, restituant l'aspect de F, son ascendant au deuxième degré. Autres temps, mêmes mœurs.

reflet du texte définitif de Démosthène et qu'elle émane d'une édition « savante », comme en font foi les variantes interponctuées de F [1]. L'autre famille, fondée sur la première version, sans doute très proche du texte prononcé, n'a cessé avec le temps de se corrompre par la contamination [2].

J'ai édité les deux textes vis-à-vis l'un de l'autre, comme Weil avait procédé pour la *Troisième Philippique*, mettant d'abord à gauche le premier jet, affecté de la lettre (*a*), puis à droite la version revue, désignée par la lettre (*b*) et avertissant dans l'apparat par l'abréviation *utr. gen.* (*utraeque genuinae*) que nous avons affaire à deux textes authentiques et non à des variantes de scribes.

1. Voir plus haut, p. 4.

2. Doxopatrès, par ex., au XIe siècle, cite le début de l'*Epitaphios* dans un texte emprunté alternativement à la première et à la seconde famille et plus contaminé que celui de nos manuscrits (voir l'apparat au § 1). Nul ne prétendra qu'il avait deux exemplaires sous les yeux.

SIGLA

S Parisinus gr. 2934, c. 890.

Y Parisinus gr. 2935, c. 940.

C Ambrosianus C 235 inf., s. XIII ex., qui tantum adhibetur cum Y erasus legi non potest, e.g., *Epit.*, 10 (Y?)C.

P Laurentianus 59,9, c. 960.

r Parisinus gr. 2936, s. XIV in.

W Vindobonensis phil. gr. 105, c. 1300.

v Parisinus Coisl. 339, s. XV.

F Marcianus gr. 416 (coll. 536), c. 940.

Q Marcianus gr. 418 (coll. 312), c. 980.

NOTA. — In apparatu critico, e.g. *Epit.*, 6, **λόγων** F **λόγ].ου.** F^{sl} significat litteras **ου** inter duo puncta positas esse supra litteras **ων** ab ipso librario.

[utr. gen.] (= utraeque genuinae) varias lectiones ipsius oratoris designat.

Numero 2 (S^2 Y^2) varias correctiones, quae ab recentioribus librariis adhibitae sunt, confuse designavi.

Litteris ^{ec} correctiones quae lectiones priores omnino occultant designantur; litterae vero ^{pc} litteris ^{ac} opponuntur.

Cett. ad solos codices supra memoratos pertinet.

ORAISON FUNÈBRE

1 Quand la Cité [1] eut décidé de faire des funérailles nationales à ceux qui gisent dans ce tombeau [2], aux héros vaillants [3] de cette guerre, et qu'elle m'eut chargé personnellement de prononcer en leur honneur le discours d'usage, je me suis mis tout de suite à examiner le moyen de leur faire obtenir l'éloge qui leur revient; mais durant cette recherche et cet examen [4], je me suis aperçu que parler dignement de ces disparus était une tâche difficile entre toutes [5] : eux qui ont méprisé cet instinct profond et universel, le goût de la vie, et qui ont préféré mourir en braves plutôt que de voir [6] de leur vivant une Grèce malheureuse, se peut-il qu'ils ne nous aient pas légué [7] leur vaillance comme un exemple au-dessus de toute expression ? Il me semble toutefois possible de parler aussi bien que les orateurs qui ont jamais pris la parole en ce lieu [8].

2 L'attachement que témoigne notre cité à ceux qui finissent leurs jours à la guerre est particulièrement visible si l'on considère la loi prévoyant le choix de l'orateur [9]

1. Sur cette nomination, décidée par l'*Assemblée* sur la proposition du *Conseil*, voir la *Notice*, p. 10.

2. Pour les rites de cette cérémonie, voir la *Notice*, p. 11, n. 2.

3. Dans cette expression toute faite, ἀγαθούς est épithète et non attribut (voir Isocr., *Ev.*, 5, 11; Eschn., *Ctés.*, 154; Hyp., *Epit.*, 8; Plut., *Alc.*, 25).

4. Formule qu'on retrouve dans les exordes (ex., Isocr., *Ech.*, 6-7).

5. Lieu commun des exordes d'éloges (voir Thc., II, 35, 2; Platon, *Ménex.*, 237a; Isocr., *Panég.*, 82-83, 187; Dém., *Contre Lept.*, 76; Hyp., *Epit.*, 2).

6. Même expression dans Dém., *Cour.*, 205.

7. Pour les notes absentes au bas des pages, v. p. 115 ss.

ΕΠΙΤΑΦΙΟΣ

(LX)

1 Ἐπειδὴ τοὺς ἐν τῷδε τῷ τάφῳ κειμένους, ἄνδρας ἀγαθοὺς ἐν τῷ πολέμῳ

γεγονότας, | γεγενημένους,

ἔδοξεν τῇ πόλει δημοσίᾳ θάπτειν καὶ προσέταξεν ἐμοὶ τὸν νομιζόμενον λόγον εἰπεῖν ἐπ' αὐτοῖς, ἐσκόπουν | μὲν εὐθὺς ὅπως τοῦ προσήκοντος ἐπαίνου τεύξονται, ἐξετάζων δὲ καὶ σκοπῶν ἀξίως εἰπεῖν τῶν τετελευτηκότων ἕν τι τῶν ἀδυνάτων ηὕρισκον ὄν. Οἳ γὰρ τὴν ὑπάρχουσαν πᾶσιν ἔμφυτον τοῦ ζῆν ὑπερεῖδον ἐπιθυμίαν, καὶ τελευτῆσαι καλῶς μᾶλλον ἠβουλήθησαν ἢ ζῶντες τὴν Ἑλλάδ' ἰδεῖν ἀτυχοῦσαν, πῶς οὐκ ἀνυπέρβλητον παντὶ λόγῳ τὴν αὑτῶν ἀρετὴν καταλελοίπασιν; Ὁμοίως μέντοι διαλεχθῆναι τοῖς πρότερόν ποτ' εἰρηκόσιν ἐνθάδ' εἶναί μοι δοκεῖ.

2 Ὡς μὲν οὖν ἡ πόλις σπουδάζει περὶ τοὺς ἐν τῷ πολέμῳ τελευτῶντας, ἔκ τε τῶν ἄλλων ἔστιν ἰδεῖν καὶ μάλιστ' ἐκ τοῦδε τοῦ νόμου, καθ' ὃν αἱρεῖται

Inscriptio Επιτάφιος codd.

1 1-8 (Ἐπειδὴ — ὄν) praebet licenter Doxopatres (Walz II, 450) ‖ 2 τῷ FQ τῷδε τῷ SYPrvWFγρ. Qγρ. Doxop. ‖ 3 [utr. gen.] (a) γεγονότας SYPrvW Fγρ. Qγρ. ‖ (b) γεγενημένους FQY² Doxop. ‖ 4 θάπτειν codd. : θάψαι Doxop. ‖ 5 ὑπὲρ αὐτῶν εἰπεῖν Doxop. ‖ 6 τοῦ — τεύξονται codd : τοῦ κατ' ἀξίαν τύχωσι Doxop. ‖ 12 Ὁμοίως : ὁμῶς FQ ‖ 13 ποτ' : τότε S.

qui parlera à l'occasion des funérailles nationales. La Cité, sachant qu'auprès des hommes

de cœur | de mérite

la possession des richesses et la jouissance des plaisirs de la vie sont objets de mépris, qu'ils n'ont pour toute ambition que la gloire [1] et les louanges, s'est fait un devoir de les honorer par des discours propres à leur assurer la pleine possession de ces privilèges, afin que, jusque dans la mort, ils se voient restituer [2] l'honorable réputation qu'ils avaient obtenue de leur vivant. **3** Or, si, parmi tout ce qui se rapporte à la gloire, je ne voyais à leur actif que le courage, j'en ferais l'éloge et me tiendrais quitte du reste. Mais puisqu'ils ont eu cet avantage de jouir à la fois d'une belle naissance, d'une sage éducation et d'une vie éprise d'illustration, je rougirais si l'on me voyait omettre l'un des titres qui justifient leur zèle. Je vais commencer par les origines de leur race.

4 La noble origine [3] de ces héros est de temps immémorial universellement reconnue. Ce n'est pas seulement à un père qu'on peut, pour eux et pour chacun de leurs aïeux reculés, faire remonter individuellement leur naissance, mais collectivement à toute leur terre ancestrale dont on reconnaît qu'ils sont les fils autochtones. Seuls au monde, ils ont habité la terre même dont ils sont nés et ils l'ont léguée à leurs descendants : aussi est-on fondé à croire que, si les autres hommes qui sont venus comme immigrants dans les Cités et qui en sont les citoyens en titre, sont assimilables aux enfants adoptifs, eux sont

1. *Sens poétique* d'ἀρετή ic ; cf. Lycurgue, *Contre Léocrate*, 49. Pour l'idée, cf. Isocr., *Ev*. 3.

2. L'idée de tout ce passage est que, seul, un orateur de talent, comme en choisit la cité, peut *réintégrer* dans leurs biens les braves que la mort a comme dépossédés et leur *restituer* un honneur dont ils ne doivent pas être *frustrés* (voir *infra*, 10). La fierté de Démosthène n'est pas sans rappeler l'orgueil des poètes lyriques qui affirment que les exploits « gisent dans la poussière » si le poète ne leur assure l'immortalité : voir Pind., *Ném.*, IX, 14-15. Sur le rapport des éloges en prose avec le lyrisme, voir *Notice*, p. 18, n. 4.

τὸν ἐροῦντ' ἐπὶ ταῖς δημοσίαις ταφαῖς· εἰδυῖα γὰρ παρὰ τοῖς

ἀγαθοῖς | χρηστοῖς

ἀνδράσιν τὰς μὲν τῶν χρημάτων κτήσεις καὶ τῶν κατὰ τὸν βίον ἡδονῶν ἀπολαύσεις ὑπερεωραμένας, τῆς δ' ἀρετῆς καὶ τῶν ἐπαίνων πᾶσαν τὴν ἐπιθυμίαν οὖσαν, ἐξ ὧν ταῦτ' ἂν αὐτοῖς μάλιστα γένοιτο λόγων, τούτοις ᾠήθησαν δεῖν αὐτοὺς τιμᾶν, ἵν' ἣν ζῶντες ἐκτήσαντ' εὐδοξίαν, αὕτη καὶ τετελευτηκόσιν αὐτοῖς ἀποδοθείη.

3 Εἰ μὲν οὖν τὴν ἀνδρείαν μόνον αὐτοῖς τῶν εἰς ἀρετὴν ἀνηκόντων ὑπάρχουσαν ἑώρων, ταύτην ἂν ἐπαινέσας ἀπηλλαττόμην τῶν λοιπῶν· ἐπειδὴ δὲ καὶ γεγενῆσθαι καλῶς καὶ πεπαιδεῦσθαι σωφρόνως καὶ βεβιωκέναι φιλοτίμως συμβέβηκεν αὐτοῖς, ἐξ ὧν εἰκότως ἦσαν σπουδαῖοι, αἰσχυνοίμην ἂν εἴ τι τούτων φανείην παραλιπών. Ἄρξομαι δ' ἀπὸ τῆς τοῦ γένους αὐτῶν ἀρχῆς.

4 Ἡ γὰρ εὐγένεια τῶνδε τῶν ἀνδρῶν ἐκ πλείστου χρόνου παρὰ πᾶσιν ἀνθρώποις ἀνωμολόγηται. Οὐ γὰρ μόνον εἰς πα|τέρ' αὐτοῖς καὶ τῶν ἄνω προγόνων κατ' ἄνδρ' ἀνενεγκεῖν ἑκάστῳ τὴν φύσιν ἔστιν, ἀλλ' εἰς ὅλην κοινῇ τὴν ὑπάρχουσαν πατρίδα, ἧς αὐτόχθονες ὁμολογοῦνται εἶναι. Μόνοι γὰρ πάντων ἀνθρώπων, ἐξ ἧσπερ ἔφυσαν, ταύτην ᾤκησαν καὶ τοῖς ἐξ αὐτῶν παρέδωκαν, ὥστε δικαίως ἄν τις ὑπολάβοι τοὺς μὲν ἐπήλυδας ἐλθόντας εἰς τὰς πόλεις καὶ τούτων πολίτας προσαγορευομένους ὁμοίους εἶναι τοῖς εἰσποιητοῖς τῶν παίδων, τούτους δὲ γνησίους

2 6 [utr. gen.] (a) ἀγαθοῖς SYPrvW ‖ (b) χρηστοῖς FQ ‖ **3** 3 λοιπῶν SFQY^2 : λόγων YPrvW ‖ 7 παραλιπών : -λειπων S (sic) ‖ **4** 5 τὴν om. rW Y^{ac} (add. Y^{pc}) ‖ 9 μὲν — εἰς τὰς restituit Dindorf : εἰς τὰς (τοὺς S) post μὲν hab. codd. ‖ 11 γνησίους SYPrvWFQ : -σίῳ S^2Y^2 γνησί].ω.F^{sl}.

dans leur patrie des citoyens de naissance légitime. **5** Il me semble en outre que si les fruits dont vit l'humanité [1] sont apparus d'abord chez nous, cela constitue, indépendamment du très grand bienfait qui en est résulté pour l'univers, une preuve reconnue que notre contrée est la mère de nos ancêtres : en effet, tous les êtres qui enfantent tirent d'emblée de la nature même la nourriture qu'ils apportent à leurs rejetons, ce qui est précisément le cas de notre contrée.

6 Tels sont les privilèges relatifs à la naissance dont jouissent de toute antiquité les ancêtres de ces héros. Pour ce qui est de leur courage et de leurs autres qualités, j'hésite à entrer dans le détail, voulant me garder d'introduire dans mon discours un développement inopportun [2]; mais les actions qui sont tout ensemble utiles à se rappeler quand on les connaît et très belles à apprendre quand on les ignore, qui inspirent une admiration profonde et des développements oratoires inépuisables [3], voilà ce que je vais tâcher de dire sommairement. **7** Les ancêtres de la génération actuelle, aussi bien les pères que les aïeux plus reculés, portant les noms sous lesquels ils sont reconnus des membres de leurs familles, n'ont jamais commis d'injustice [4] à l'égard d'aucun Grec ni d'aucun Barbare : sans compter toutes leurs autres qualités, ils avaient celle d'être des modèles de justice

1. Démosthène a simplement résumé le passage du *Ménexène*, où la liaison entre l'autochtonie et la production des fruits est expliquée par un rapport de cause à effet (237e) plus rigoureux qu'ici.

2. *Inopportun* et plus bas *sommairement*, autant de mots qui trahissent la hâte de Démosthène à traiter la partie légendaire de son sujet. Voir les §§ 9, 12, 15, 37 (fin), et la *Notice*, p. 22. Même formule chez Isocrate (*Ech.*, 114; *Phil.*, 59).

3. Proprement « sans ennui » (ἄλυπον); j'ai utilisé un mot qui fît pendant à ἄκαιρον « inopportun ». On remarquera que les balancements de Démosthène n'ont pas la raideur de ceux de Gorgias.

4. Même affirmation chez Lysias, *Epit.*, 14, 17; voir aussi Thc., II, 41 et Platon, *Ménex.*, 239a.

γόνῳ τῆς πατρίδος πολίτας εἶναι. 5 Δοκεῖ δέ μοι καὶ τὸ τοὺς καρπούς, οἷς ζῶσιν ἄνθρωποι, παρ' ἡμῖν πρώτοις φανῆναι, χωρὶς τοῦ μέγιστον εὐεργέτημ' εἰς πάντας γενέσθαι, ὁμολογούμενον σημεῖον ὑπάρχειν τοῦ μητέρα τὴν χώραν

[εἶναι] τῶν ἡμετέρων προγόνων εἶναι.	εἶναι τῶν ἡμετέρων προγόνων.

Πάντα γὰρ τὰ τίκτονθ' ἅμα καὶ τροφὴν τοῖς γιγνομένοις ἀπ' αὐτῆς τῆς φύσεως φέρει· ὅπερ ἥδ' ἡ χώρα πεποίηκεν.

6 Τὰ μὲν οὖν εἰς γένος ἀνήκοντα τοιαῦτα δι' αἰῶνος ὑπάρχει τοῖς τῶνδε τῶν ἀνδρῶν προγόνοις· τὰ δ' εἰς ἀνδρείαν καὶ τὴν ἄλλην ἀρετὴν πάντα μὲν κατοκνῶ λέγειν, φυλαττόμενος μὴ μῆκος ἄκαιρον ἐγγένηται τῷ λόγῳ· ἃ δὲ καὶ τοῖς εἰδόσιν χρήσιμ' ἀναμνησθῆναι καὶ τοῖς ἀπείροις κάλλιστ' ἀκοῦσαι

καὶ ζῆλον [ἔχει] πολὺν καὶ μῆκος λόγου ἄλυπον ἔχοντα,	καὶ ζῆλον ἔχει πολὺν καὶ μῆκος λόγων ἄλυπον [ἔχοντα],

ταῦτ' ἐπὶ κεφαλαίων εἰπεῖν πειράσομαι. 7 Οἱ γὰρ τῆς κατὰ τὸν παρόντα χρόνον γενεᾶς πρόγονοι, καὶ πατέρες καὶ τούτων ἐπάνω τὰς προσηγορίας ἔχοντες, αἷς ὑπὸ τῶν ἐν γένει γνωρίζονται, ἠδίκησαν μὲν οὐδένα πώποτ' οὔθ' Ἕλλην' οὔτε βάρβαρον, ἀλλ' ὑπῆρχεν αὐτοῖς πρὸς ἅπασι τοῖς ἄλλοις καλοῖς κἀγα-

5 2 τὸ PrFQS^2Y^2 : om. SYvW ‖ 6-7 [utr. gen.] (a) SYW 6 εἶναι seclusi ; cf. *Notitiam* p. 46 ‖ 7 εἶναι WY (exp. Y^2) S (εἰ tantum scripto subitoque eraso) ‖ (b) FQ Prv ‖ **6** 2 τοῖς τῶνδε Paris. gr. 3007 Bodl. Barocc. 139 : τοῖσδε τῶν cett. ‖ 5 χρήσιμ' SYPrvW^2 FQ : χρήμασι r^2γρ. W ‖ 7-9 [utr. gen.] ἔχει (post ζῆλον) et ἔχοντα (post ἄλυπον) praebent simul codd., perperam (cf. *Notitiam*, p. 46) ‖ 8 (a) λόγου SYP rvWQ λόγ] -ου. F^{sl} ‖ (b) λόγων F

et c'est dans des guerres défensives qu'ils ont accompli beaucoup de

beaux	brillants

exploits. **8** L'armée des Amazones [1], ils la battirent si bien à son arrivée qu'ils la chassèrent au-delà du Phase [2]; quant aux troupes d'Eumolpe et de ses nombreux alliés [3], ils les expulsèrent non seulement de leur propre territoire, mais aussi de celui de tous les autres Grecs, alors que les peuples qui habitent devant nous du côté du Couchant, n'ont pu à eux tous ni en supporter le choc ni les arrêter [4]. Bien plus : il n'est pas jusqu'aux enfants d'Héraclès, qui a sauvé ses semblables, dont ils ne furent nommés les sauveurs, lorsque ceux-ci vinrent en suppliants sur notre territoire, en s'enfuyant loin d'Eurysthée [5]. Et, non contents de tous ces nobles exploits assortis de tant d'autres, ils ne laissèrent pas violer les usages relatifs aux morts, lorsque Créon interdit d'ensevelir les sept chefs alliés contre Thèbes.

9 J'ai laissé de côté beaucoup d'exploits élevés au rang des mythes et je me suis borné à rappeler ceux-là : mais chacun d'eux prête à des développements si nobles et si abondants que les auteurs de poèmes déclamés, les auteurs de poèmes chantés et un grand nombre de prosateurs, ont pris ces exploits de jadis pour sujets d'inspiration dans leur domaine respectif [6].

Je viens maintenant aux actions qui pour le mérite ne le cèdent en rien à celles-ci, mais qui, plus proches de nous dans le temps, n'ont pas été encore transformées en mythes ni élevées à la dignité héroïque. **10** A eux seuls, ces hommes-là ont repoussé par deux fois tant sur terre que sur mer l'expédition provenant de l'Asie

1. Les exemples qui suivent se retrouvent rassemblés dans le *Ménexène* (239a). Ils sont développés avec abondance dans Lysias (*Epit.*, 4-16); dans Isocrate (*Pan.*, 55-58 et 68-70). Voir aussi *Hélène*, 31; *Aréop.*, 75; *Panath.*, 167-174. Ils ont été en partie illustrés par la tragédie (voir les *Héraclides* et les *Suppliantes* d'Euripide); ils sont devenus très vite un lieu commun obligé de l'éloge d'Athènes (voir Xén., *Hell.*, VI, 5, 46-47).

θοῖς καὶ δικαιο|τάτοις εἶναι, ἀμυνόμενοι δὲ πολλὰ καὶ

καλὰ | λαμπρὰ

διεπράξαντο. **8** Καὶ γὰρ τὸν Ἀμαζόνων στρατὸν ἐλθόντ᾽ ἐκράτησαν οὕτως ὥστ᾽ ἔξω Φάσιδος ἐκβαλεῖν, καὶ τὸν Εὐμόλπου καὶ τῶν πολλῶν ἄλλων στόλον οὐ μόνον ἐκ τῆς οἰκείας, ἀλλὰ καὶ ἐκ τῆς τῶν ἄλλων Ἑλλήνων χώρας ἐξήλασαν, οὓς οἱ πρὸ ἡμῶν οἰκοῦντες πρὸς ἑσπέραν πάντες οὔθ᾽ ὑπέμειναν οὔτ᾽ ἐδυνήθησαν κωλῦσαι. Καὶ μὴν καὶ τῶν Ἡρακλέους παίδων, ὃς τοὺς ἄλλους ἔσῳζεν, σωτῆρες ὠνομάσθησαν, ἡνίκ᾽ ἦλθον εἰς τήνδε τὴν γῆν ἱκέται, φεύγοντες Εὐρυσθέα. Καὶ πρὸς πᾶσι τούτοις καὶ πολλοῖς ἄλλοις καὶ καλοῖς ἔργοις, τὰ τῶν κατοιχομένων νόμιμ᾽ οὐ περιεῖδον ὑβριζόμενα, ὅτε τοὺς ἕπτ᾽ ἐπὶ Θήβας θάπτειν ἐκώλυεν Κρέων.

9 Τῶν μὲν οὖν εἰς μύθους ἀνενηνεγμένων ἔργων πολλὰ παραλιπὼν τούτων ἐπεμνήσθην, ὧν οὕτως ἕκαστον εὐσχήμονας καὶ πολλοὺς ἔχει λόγους ὥστε καὶ τοὺς ἐμμέτρους καὶ τοὺς τῶν ᾀδομένων ποιητὰς καὶ πολλοὺς τῶν συγγραφέων ὑποθέσεις τἀκείνων ἔργα τῆς αὑτῶν μουσικῆς πεποιῆσθαι.

Ἃ δὲ τῇ μὲν ἀξίᾳ τῶν ἔργων οὐδέν ἐστι τούτων ἐλάττω, τῷ δ᾽ ὑπογυώτερ᾽ εἶναι τοῖς χρόνοις οὔπω μεμυθολόγηται, οὐδ᾽ εἰς τὴν ἡρωϊκὴν ἐπανῆκται τάξιν, ταῦτ᾽ ἤδη λέξω. **10** Ἐκεῖνοι τὸν ἐξ ἁπάσης τῆς Ἀσίας στόλον ἐλθόντα μόνοι δὶς ἠμύναντο καὶ κατὰ γῆν καὶ κατὰ θάλατταν, κα

7 8 [utr. gen.] (a) καλὰ SYPrvW ‖ (b) λαμπρὰ FQ *praeclara* Sophianos ‖ **8** 1 τὸν YPv : τῶν SFQ τὸν τῶν rW ‖ 3 τῶν πολλῶν SYrW : τὸν πολλῶν vY^2 πολλῶν PFQ ‖ 4 καὶ om. FQ ‖ 5-6 πάντες codd. (ἅπαντες S^{ac}) ‖ 6 οὔθ᾽ P : οὐδὲ cett. ‖ κωλῦσαι PFQY^2v^2 : καταλῦσαι SYrWv *dissolvere* Sophianos ‖ **9** 4 ἐμμέτρους codd. (-μετρους S in lit.) ‖ 8 ὑπογυώτερ᾽ codd : ὑπογυωτερω S^{ac} ‖ 10 τάξιν SYPrvWF : φύσιν QY^2. φύσιν. F^{sl} *facundiam* Sophanios.

tout entière [1] et en risquant leur propre vie, ils ont été les auteurs du salut commun de tous les Grecs. Et sans doute d'autres [2] ont-ils dit avant moi ce que je m'apprête à dire, mais il ne faut pas qu'en ce moment même ces héros valeureux soient frustrés de l'éloge mérité et en bonne forme qui leur revient. On serait d'autant mieux fondé à les considérer comme supérieurs aux guerriers partis contre Troie, que ces derniers,

Grecs qui étaient la fleur de	fleur des guerriers venus de toute

la Grèce, s'emparèrent avec difficulté après un siège de dix ans d'une seule place forte de l'Asie [3], **11** et que nos compatriotes, à l'arrivée des troupes provenant de tout le continent, purent à eux seuls, quand elles eurent subjugué tous les autres pays, non seulement les repousser, mais même leur infliger un châtiment pour prix des injustices commises sur les autres peuples. En outre, en empêchant, au sein même de la Grèce, les entreprises ambitieuses, ils affrontèrent tous les dangers qui se présentèrent, se consacrant à toutes les causes dont le droit était assuré, jusqu'à ce que le progrès du temps nous ait fait parvenir à la génération actuellement vivante.

12 Et qu'on ne croie pas que j'aie dressé une liste de ces exploits parce que je ne saurais que dire sur chacun d'eux [4] : fussé-je l'homme du monde le moins doué pour trouver ce qu'il faut dire, la bravoure de ces hommes-là

nous indique d'elle-même nombre d'exploits qui sont à notre portée et dont l'énumération est aisée à faire.	nous offre d'elle-même et met à notre portée de beaux récits d'exploits, qu'il serait aisé de parcourir.

1. Allusion à la bataille de Marathon (490) et à celles de Salamine (480) et de Platées (479).

2. Le récit des guerres médiques revient souvent dans les oraisons funèbres (Thc., II, 36, 4; Lysias, *Epit.*, 30-47; Platon, *Ménex.*, 240-241; cf. Lucien, *Maître de Rhétorique*, 18). Démosthène se tait sur le rôle des Platéens en 490 comme tous les orateurs attiques.

διὰ τῶν ἰδίων κινδύνων κοινῆς σωτηρίας πᾶσι τοῖς Ἕλλησιν αἴτιοι κατέστησαν. Καὶ προείρηται μὲν ὃ μέλλω λέγειν ὑπ' ἄλλων πρότερον, δεῖ δὲ μηδὲ νῦν τοῦ δικαίου | καὶ καλῶς ἔχοντος ἐπαίνου τοὺς ἄνδρας ἐκείνους στερηθῆναι· τοσούτῳ γὰρ ἀμείνους τῶν ἐπὶ Τροίαν στρατευσαμένων νομίζοιντ' ἂν εἰκότως, ὅσον οἱ μὲν

Ἕλληνες	ἐξ ἁπάσης

τῆς Ἑλλάδος ὄντες ἀριστεῖς δέκ' ἔτη τῆς Ἀσίας ἓν χωρίον πολιορκοῦντες μόλις εἷλον, **11** οὗτοι δὲ τὸν ἐκ πάσης τῆς ἠπείρου στόλον ἐλθόντα μόνοι, τἄλλα πάντα κατεστραμμένον, οὐ μόνον ἠμύναντο, ἀλλὰ καὶ τιμωρίαν ὑπὲρ ὧν τοὺς ἄλλους ἠδίκουν ἐπέθηκαν. Ἔτι τοίνυν τὰς ἐν αὐτοῖς τοῖς Ἕλλησιν πλεονεξίας κωλύοντες πάντας ὅσους συνέβη γενέσθαι κινδύνους ὑπέμειναν, ὅπου τὸ δίκαιον εἴη τεταγμένον, ἐνταῦθα προσνέμοντες ἑαυτούς, ἕως εἰς τὴν νῦν ζῶσαν ἡλικίαν ὁ χρόνος προήγαγεν ἡμᾶς.

12 Μηδεὶς δ' ἡγείσθω μ' ἀποροῦντα ὅ τι χρὴ περὶ τούτων εἰπεῖν ἑκάστου, ταῦτα τὰ πραχθέντ' ἀπηριθμηκέναι· εἰ γὰρ ἁπάντων ἀμηχανώτατος ἦν ὅ τι χρὴ λέγειν πορίσασθαι, ἡ 'κείνων ἀρετὴ

πολλὰ δείκνυσιν αὐτὴ ἃ καὶ πρόχειρα καὶ ῥᾴδιον ἐπελθεῖν ἐστιν.	[πολλὰ] καλὰ δίδωσιν εἰπεῖν καὶ πρόχειρα ἃ ῥᾴδιον μέν ἐστι διελθεῖν.

10 8 τοσούτῳ : -].τον. F^{sl} ‖ 9 νομίζοιντ' SYPrv W^{2}FQ : δόξαιντ' W ‖ 10 ὅσον SYPrWFQ : ὅσῳ v F^{sl} ‖ 11 [utr. gén.] (a) (Y?)CrvW : om. S ‖ (b) PFQS^{2}Y^2 ‖ 12 post ὄντες spatium VIII litt. hab. S ‖ **11** 3 οὐ μόνον om. S (add. S^2) P (add. P^2) ‖ **12** 1 ὅ τι FQ : τί cett. ‖ 5-7 [utr. gen.] cf. *Notitiam.* p. 47 (a) primae familiae attribuo (SYPrvW) ‖ 5 πολλὰ : om. S (signo adnotationis muto post ἀρετὴ posito) ‖ (b) secundae familiae attribuo ‖ 5 πολλὰ seclusi ‖ καλὰ δίδωσιν QY^{2}v^{2}F(-]λὰ supra lit. F.).

Toutefois, je préfère, après avoir rappelé notre noble origine et les prouesses dont firent preuve nos ancêtres, relier au plus vite ce récit avec celui des hauts faits de nos guerriers, afin que, me conformant à leur parenté par la naissance, je leur décerne des éloges communs, dans l'idée que le plaisir le plus agréable et à nos ancêtres et par-dessus tout aux deux générations à la fois, ce sera de partager mutuellement leurs mérites non seulement grâce à leur naissance, mais aussi grâce à mes éloges.

13 Mais en attendant il faut que je m'interrompe et qu'avant de montrer les actions accomplies par nos héros, j'invite à la bienveillance même les personnes étrangères [1] à leurs familles qui ont suivi le cortège jusqu'à la tombe. Car enfin, si j'avais eu mission d'honorer ces funérailles par une dépense pécuniaire, ou encore par un spectacle de concours hippiques ou gymniques [2], moins j'aurais ménagé mon zèle ou

mon argent | mon soin

pour ces préparatifs, et plus j'aurais eu la réputation d'avoir fait ce qui convient. Mais comme j'ai été désigné pour célébrer ces hommes par la parole, je crains, si je n'obtiens pas la sympathie de mon auditoire, de faire, malgré mon zèle, le contraire de ce qu'il faudrait.

14 La richesse, la vitesse, la force et toutes les qualités analogues offrent, si on les possède, des avantages qui se suffisent et l'on triomphe dans ce domaine, même contre le gré des autres, si l'on est doué. En revanche, la vertu persuasive des discours a de surcroît besoin du bon vouloir des auditeurs [3] : avec son aide, même si le discours est moyen, elle procure sur-le-champ la réputation et y ajoute la faveur; sans son secours, même si l'on se distingue par son talent oratoire, elle rebute vite les auditeurs.

1. « A ce convoi participent librement citoyens et étrangers » (Thc., II, 34, 4, trad. J. de Romilly). Cet appel à la bienveillance n'est pas traditionnel dans les oraisons funèbres, mais il se retrouve par ailleurs dans l'éloquence grecque. Démosthène traduit ici la gêne qu'il éprouve en ce jour (voir *Notice*, p. 27).

Ἀλλὰ προαιροῦμαι τῆς εὐγενείας καὶ τῶν παρὰ τοῖς προγόνοις μεγίστων μνησθεὶς ὡς τάχιστα συνάψαι τὸν λόγον πρὸς τὰ τοῖσδε πεπραγμένα, ἵνα, ὥσπερ τὰς φύσεις ἦσαν συγγενεῖς, οὕτω τοὺς ἐπαίνους ἐπ' αὐτῶν κοινοὺς ποιήσωμαι, ὑπολαμβάνων ταῦτ' ἂν εἶναι κεχαρισμένα κἀκείνοις καὶ μάλιστ' ἀμφοτέροις, εἰ τῆς ἀλλήλων ἀρετῆς μὴ μόνον τῇ φύσει μετάσχοιεν, ἀλλὰ καὶ τοῖς ἐπαίνοις.

13 Ἀνάγκη δ' ἐν τῷ μεταξὺ διαλαβεῖν, καὶ πρὸ τοῦ τὰ τοῖσδε πεπραγμένα τοῖς ἀνδράσιν δηλοῦν καὶ τοὺς ἔξω τοῦ γένους πρὸς τὸν τάφον ἠκολουθηκότας πρὸς | εὔνοιαν παρακαλέσαι. Καὶ γὰρ εἰ μὲν εἰς χρημάτων δαπάνην ἤ τιν' ἄλλην θεωρίαν ἱππικῶν ἢ γυμνικῶν ἄθλων ἐτάχθην κοσμῆσαι τὸν τάφον, ὅσῳπερ ἂν προθυμότερον καὶ

ἀφειδέστερον ταῦτα | ἀκριβέστερον τοῦτο

παρεσκευασάμην, τοσούτῳ μᾶλλον ἂν προσήκοντ' ἔδοξα πεποιηκέναι· λόγῳ δ' ἐπαινέσαι τούσδε τοὺς ἄνδρας αἱρεθείς, ἂν μὴ τοὺς ἀκούοντας συμβουλομένους λάβω, φοβοῦμαι μὴ τῇ προθυμίᾳ τοὐναντίον οὗ δεῖ ποιήσω.

14 Ὁ μὲν γὰρ πλοῦτος καὶ τὸ τάχος καὶ ἡ ἰσχὺς καὶ ὅσ' ἄλλα τούτοις ὅμοια, αὐτάρκεις ἔχει τὰς ὀνήσεις τοῖς κεκτημένοις, καὶ κρατοῦσιν ἐν αὐτοῖς, οἷς ἂν παρῇ, κἂν μηδεὶς τῶν ἄλλων βούληται· ἡ δὲ τῶν λόγων πειθὼ τῆς τῶν ἀκουόντων εὐνοίας προσδεῖται, καὶ μετὰ μὲν ταύτης, κἂν μετρίως ῥηθῇ, δόξαν ἤνεγκε καὶ χάριν προσποιεῖ, ἄνευ δὲ ταύτης, κἂν ὑπερβάλῃ τῷ λέγειν καλῶς, προσέστη τοῖς ἀκούουσιν.

12 8 ὑμῶν post εὐγενείας habet r ‖ 8-9 παρὰ—προγόνοις F : om. cett. **13** 6 ἂν SFQ : om. cett. ‖ 8 [utr. gén.] (a) SYPrvW Fγρ. Qγρ *abundantius* Sophianos ‖ (b) FQ ‖ 10 τούσδε FQ : τούτους cett. ‖ **14** 6 μὲν ταύτης : ταύτης μὲν S ‖ κἂν FQY² : ἂν YPrvW ἂν κἂν S ‖ 6-7 ἤνεγκε (εἰνεγκεναι (S^ac?) καὶ... προσποιεῖ S^pc YPrvWM Fγρ. Qγρ. : ἐνεγκέναι καὶ... προσεποίει FQ.

15 Je pourrais citer beaucoup d'exploits qui vaudront à ces hommes des éloges mérités, mais à présent que me voilà devant les actes eux-mêmes, je ne sais par où commencer. Comme tous se présentent à moi au même moment, ils me mettent dans l'embarras du choix. Toutefois, je vais tâcher de régler mon discours sur le déroulement même de leur vie [1]. **16** Ils ont brillé dès leur jeune temps dans toutes les disciplines, cultivant à chaque âge celles qui leur étaient appropriées et donnant satisfaction à tous

| ceux qui y avaient droit,

parents, amis, proches. Aussi, aujourd'hui, comme si elle retrouvait des empreintes [2], la mémoire de leurs proches et de leurs amis se reporte-t-elle vers eux à toute heure avec nostalgie [3], en découvrant mille occasions de se rappeler les circonstances où elle avait reconnu en eux un mérite éclatant. **17** Parvenus à l'âge d'hommes, ce n'est pas seulement à leurs concitoyens, c'est à l'humanité entière qu'ils firent connaître leur vraie nature : aussi bien, le principe, oui, le principe de toute vertu, c'est l'intelligence; le courage en est l'achèvement [4]. Grâce à l'une, nous jugeons l'opportunité de nos actions; grâce à l'autre, nous en préservons le fruit. Or, sur ces deux points, ces hommes se sont fort distingués. **18** S'il s'élevait un danger [5] commun à tous les Grecs, ils étaient les premiers à le prévoir [6], et souvent ils les encouragèrent tous à chercher leur salut, ce qui est la marque d'un jugement éclairé. Quant à l'inconscience mêlée de lâcheté [7] qu'on trouvait chez les Grecs, à un moment où il était possible en toute sûreté d'arrêter ces périls, inconscience où il entrait, moitié de l'aveuglement,

1. Voir une formule semblable dans Platon, *Ménex.*, 237a.
2. Image empruntée à la chasse (comparer Xén., *Cyn.*, 6, 9).
3. Ce mot se retrouve naturellement dans les oraisons funèbres ou les ἐπικήδεια. Voir Tyrtée 9, 27 (Diehl) :

« τὸν δ' ὀλοφύρονται μὲν ὁμῶς νέοι ἠδὲ γέροντες
ἀργαλέῳ τε πόθῳ πᾶσα κέκηδε πόλις. »

15 Πολλὰ τοίνυν ἔχων εἰπεῖν ὧν οἵδε πράξαντες δικαίως ἐπαινεθήσονται, ἐπειδὴ πρὸς αὐτοῖς εἰμι τοῖς ἔργοις, ἀπορῶ τί πρῶτον εἴπω· προσιστάμενα γάρ μοι πάντ' εἰς ἕνα καιρὸν δύσκριτον καθίστησιν τὴν αἵρεσιν αὐτῶν. Οὐ μὴν ἀλλὰ πειράσομαι τὴν αὐτὴν ποιήσασθαι τοῦ λόγου τάξιν ἥπερ ὑπῆρξεν τοῦ βίου τούτοις. **16** Οἵδε γὰρ ἐξ ἀρχῆς ἐν πᾶσιν τοῖς παιδεύμασιν ἦσαν ἐπιφανεῖς, τὰ πρέποντα καθ' ἡλικίαν ἀσκοῦντες ἑκάστην, καὶ πᾶσιν ἀρέσκοντες

| οἷς χρή,

γονεῦσιν, φίλοις, οἰκείοις. Τοιγαροῦν ὥσπερ ἴχνη γνωρίζουσα νῦν ἡ τῶν οἰκείων αὐτοῖς καὶ φίλων μνήμη πᾶσαν ὥραν ἐπὶ τούτους φέρεται τῷ πόθῳ, πόλλ' ὑπομνήματα λαμβάνουσα, ἐν οἷς συνῄδει τού|τοις ἀρίστοις οὖσιν. **17** Ἐπειδὴ δ' εἰς ἄνδρας ἀφίκοντο, οὐ μόνον τοῖς πολίταις γνώριμον τὴν αὑτῶν φύσιν ἀλλὰ καὶ πᾶσιν ἀνθρώποις κατέστησαν· ἔστιν γάρ, ἔστιν ἁπάσης ἀρετῆς ἀρχὴ μὲν σύνεσις, πέρας δ' ἀνδρεία· καὶ τῇ μὲν δοκιμάζεται τί πρακτέον ἐστί, τῇ δὲ σῴζεται. Ἐν τούτοις ἀμφοτέροις οἵδε πολὺ διήνεγκαν. **18** Καὶ γὰρ εἴ τις ἐφύετο κοινὸς πᾶσιν κίνδυνος τοῖς Ἕλλησιν, οὗτοι πρῶτοι προείδοντο καὶ πολλάκις εἰς [σωτηρίαν ἅπαντας παρεκάλεσαν, ὅπερ γνώμης ἀπόδειξίς ἐστιν εὖ φρονούσης· καὶ τῆς παρὰ τοῖς Ἕλλησιν ἀγνοίας μεμιγμένης κακίᾳ, ὅτ' ἐνῆν ταῦτα κωλύειν ἀσφαλῶς, τὰ μὲν οὐ προορώσης, τὰ δ' εἰρωνευομένης,

15 3 προσιστάμενα : προιστάμενα FQ ‖ 4 τὴν : μοι τὴν FQ ‖ **16** 4 [utr. gen.] (a) SYrvW ‖ (b) PFQY² ‖ 6 οἰκείων αὐτοῖς FQS (αὐτῆς S) : αὐτοῖς οἰκείων cett. ‖ **17** 5 τί — σῴζεται habet PFQ Bodl. Barocc. 73² Bodl. Bar. 139²: om. SYrvW Barocc. 73 et 139 ‖ **18** 3 προείδοντο PFQY²S² Barocc. 73² Barocc. 139² : -λοντο SYrvW Barocc. 73 et 139 (vid. *Not.*, p. 41 n. 4) ‖ 4 ἀπόδειξίς SFQY²P^pc : om. YP^ac rvW ‖ 5 τῆς : τοῖς Sv ‖ 7 οὐ PYr²v : οὖν SrWFQ.

moitié des échappatoires [1], ils ne leur en tinrent pas rigueur, une fois qu'ils les virent dociles et décidés à faire leur devoir [2] : ils se placèrent, au contraire, en première ligne, offrirent tout avec empressement : des troupes [3], de l'argent, des alliés, et affrontèrent l'épreuve des armes sans même y marchander leur vie.

19 Mais c'est le sort obligé des combats qu'il y ait, d'un côté, des vainqueurs, et, de l'autre, des vaincus [4]. Je puis dire sans hésiter qu'à mes yeux ceux qui dans les deux camps meurent à leur poste, ne sont pas touchés par la défaite, mais sont vainqueurs, les uns aussi bien que les autres [5]. En effet, parmi les vivants, la victoire se décide au gré de la divinité : et pourtant, ce que chacun devait accomplir pour la remporter, quiconque est resté à son poste l'a fait. Si, au contraire, on a, étant mortel, rencontré sa destinée, on a subi un accident dû à la fortune, on n'est pas dans son cœur vaincu par les adversaires. **20** Je crois donc que si l'ennemi n'a pas empiété sur notre territoire, cela est dû, indépendamment de l'irréflexion [6] de nos adversaires, à la vaillance de ces hommes-là : en effet, les soldats qui l'ont éprouvée là-bas dans le corps à corps et la mêlée de cette journée [7] n'ont pas voulu engager de nouveau un combat contre les proches parents de ces braves, dans l'idée qu'ils affronteraient des natures semblables, mais qu'un succès semblable était malaisé à obtenir. La meilleure preuve qu'il en est ainsi, ce sont les événements mêmes qui ont marqué la conclusion de la paix : impossible d'alléguer un motif plus vrai et plus beau qu'un sentiment d'admiration pour la bravoure de ces morts qui a inspiré au chef de nos adversaires de se faire l'ami de leurs proches plutôt que de prendre une seconde fois sur lui de risquer le tout pour le tout [8].

21 Je crois en outre que, si l'on demandait à ceux-là

1. On comparera *Prem. Phil.*, 7.

2. Allusion à l'alliance de Thèbes (*Cour.*, 160-198). Démosthène ne pouvait dire dans son *Oraison* que les partisans de la Macédoine étaient puissants et nombreux à Thèbes et qu'il n'y rencontra pas l'unanimité (voir P. Cloché, *Thèbes de Béotie*, Namur, s.d., p. 195).

ὅμως, ἡνίχ' ὑπήκουσαν καὶ τὰ δέοντα ποιεῖν ἠθέλησαν, οὐκ ἐμνησικάκησαν, ἀλλὰ προστάντες καὶ παρασχόντες ἅπαντα προθύμως, καὶ σώματα καὶ χρήματα καὶ συμμάχους, εἰς πεῖραν ἦλθον ἀγῶνος, εἰς ὃν οὐδὲ τῆς ψυχῆς ἐφείσαντο.

19 Ἐξ ἀνάγκης δὲ συμβαίνει, ὅταν μάχη γίγνηται, τοῖς μὲν ἡττᾶσθαι, τοῖς δὲ νικᾶν· οὐκ ἂν ὀκνήσαιμι δ' εἰπεῖν ὅτι μοι δοκοῦσιν οἱ τελευτῶντες ἑκατέρων ἐν τάξει τῆς μὲν ἥττης οὐ μετέχειν, νικᾶν δ' ὁμοίως ἀμφότεροι. Τὸ μὲν γὰρ |κρατεῖν ἐν τοῖς ζῶσιν, ὡς ἂν ὁ δαίμων παραδῷ, κρίνεται· ὃ δ' εἰς τοῦθ' ἕκαστον ἔδει παρασχέσθαι, πᾶς ὁ μένων ἐν τάξει πεποίηκεν· εἰ δὲ θνητὸς ὢν τὴν εἱμαρμένην ἔσχεν, τῇ τύχῃ πέπονθε τὸ συμβαῖνον, οὐχὶ τὴν ψυχὴν ἥττηται τῶν ἐναντίων.
20 Νομίζω τοίνυν καὶ τοῦ τῆς χώρας ἡμῶν μὴ ἐπιβῆναι | τοὺς πολεμίους πρὸς τῇ τῶν ἐναντίων ἀγνωμοσύνῃ τὴν τούτων ἀρετὴν αἰτίαν γεγενῆσθαι· κατ' ἄνδρα γὰρ πεῖραν εἰληφότες οἱ τότε συμμείξαντες ἐκεῖ, οὐκ ἐβούλοντ' αὖθις εἰς ἀγῶνα καθίστασθαι τοῖς ἐκείνων οἰκείοις, ὑπολαμβάνοντες ταῖς μὲν φύσεσιν ταῖς ὁμοίαις ἀπαντήσεσθαι, τύχην δ' οὐκ εὔπορον εἶναι τὴν ὁμοίαν λαβεῖν. Δηλοῖ δ' οὐχ ἥκισθ' ὅτι ταῦθ' οὕτως ἔχει καὶ τὰ τῆς γεγονυίας εἰρήνης· οὐ γὰρ ἔνεστ' εἰπεῖν οὔτ' ἀληθεστέραν οὔτε καλλίω πρόφασιν τοῦ τῆς τῶν τετελευτηκότων ἀγασθέντ' ἀρετῆς τὸν τῶν ἐναντίων κύριον φίλον γενέσθαι τοῖς ἐκείνων οἰκείοις βούλεσθαι μᾶλλον ἢ πάλιν τὸν ὑπὲρ τῶν ὅλων κίνδυνον ἄρασθαι.

21 Οἶμαι δ' ἄν, εἴ τις αὐτοὺς τοὺς παραταξαμένους

19 3-4 ἐν τάξει om. SY² ‖ 9 τὸ SYPrvWFQ : τι Fγρ. Qγρ. Y² ‖ **20** 5 ἐκεῖ codd. : ἐκείνοις mg. ed. Bineti ‖ 5-6 τοῖς... οἰκείοις YPrvW : τούς... οἰκείους FQS (τοῖς S²) ‖ 7 τύχην : τὴν ψυχὴν Fγρ. Qγρ. ‖ 10 τοῦ PFQY² : οὔτε S(Y)?CrvW 12 ἐκείνων SPFQY² : om. YrvW ‖ **21** 1 τοὺς om. SFQ.

mêmes qui sont entrés en ligne, s'ils doivent selon eux le succès à leurs prouesses,

à l'expérience et à l'audace de celui qui était à leur tête

ou à un coup déconcertant de la Fortune [1], aucun d'eux ne pousserait l'impudence et l'audace au point de s'arroger le mérite des opérations. En vérité, dans une aventure dont la divinité, cette maîtresse souveraine, a réglé l'issue à son gré, il est nécessaire, car ils sont des hommes, de laver tous ceux qui restent du soupçon de lâcheté.

22 Si [2] pourtant il existe un homme au monde à qui l'on puisse normalement adresser des critiques sur ces opérations, c'est à ceux des Thébains qui ont été préposés à cette guerre, ce n'est pas à la masse de leurs troupes ni des nôtres qu'on serait fondé à les adresser. Tout en ayant reçu une armée au courage invincible, incapable de faux-fuyant, jalousement éprise de gloire, ces chefs n'ont exploité aucun de ces avantages [3].

22 Et à propos d'opérations où le chef des adversaires a triomphé de ceux qui étaient préposés à cette guerre, on ne serait fondé à accuser la masse ni de leurs troupes, ni des nôtres.

23 Sur tout le reste, il est loisible de se faire une idée

3. C'est une des phrases de l'oraison funèbre qui par son rythme, ses assonances, ses mots composés, se rapproche le plus des traditions de la prose d'art à la manière de Gorgias. La chute en est assez vive contre les Thébains. On remarquera que la deuxième version qui est réduite à la plus simple expression, passe l'éponge sur les griefs de Démosthène contre le commandement thébain.

ἐρωτήσειεν πότερ' ἡγοῦνται ταῖς αὑτῶν ἀρεταῖς

| καὶ τῇ τοῦ προεστηκότος αὐτῶν ἐμπειρίᾳ καὶ τόλμῃ

ἢ τῇ παραδόξῳ καὶ χαλεπῇ τύχῃ κατωρθωκέναι, οὐδέν' οὔτ' ἀναίσχυντον οὔτε τολμηρὸν οὕτως εἶναι, ὅντιν' ἀντιποιήσεσθαι τῶν πεπραγμένων. Ἀλλὰ μὴν ὑπὲρ ὧν ὁ πάντων κύριος δαίμων, ὡς ἐβούλετο, ἔνειμε τὸ τέλος, ἅπαντας ἀφεῖσθαι κακίας ἀνάγκη τοὺς λοιπούς, ἀνθρώπους γ' ὄντας.

22 Εἰ δ' ἄρ' ἔστι τις ἀνθρώπων ὅτῳ περὶ τούτων ἐγκαλέσαι προσήκει, τοῖς ἐπὶ τούτῳ ταχθεῖσιν Θηβαίων, οὐχὶ τοῖς πολλοῖς οὔτ' ἐκείνων οὔθ' ἡμῶν ἐγκαλέσειεν ἄν τις εἰκότως· οἳ | δύναμιν λαβόντες ἔχουσαν θυμὸν ἀήττητον καὶ ἀπροφάσιστον καὶ φιλοτιμίαν ἐφάμιλλον οὐδενὶ τούτων ὀρθῶς ἐχρήσαντο.

22 Περὶ ὧν δ' ὁ τῶν ἐναντίων ἡγεμὼν ὑπερῆρε τοὺς ἐπὶ τούτῳ ταχθέντας, οὐχὶ τοὺς πολλοὺς οὔτ' ἐκείνων οὔθ' ἡμῶν αἰτιάσαιτ' ἄν τις εἰκότως.

23 Καὶ τὰ μὲν ἄλλ' ἔστιν τούτων ὡς ἕκαστος ἔχει

21 3-5 καὶ τῇ — κατωρθωκέναι sic disposuimus, auctore Luciano (*Dem. enc.* 38) et Sophiani versione (vide *Notitiam*, p. 39) : ἢ τῇ — κατωρθωκέναι καὶ τῇ τοῦ — καὶ τόλμῃ (καὶ ψυχῇ add. FQ) codd. Verba καὶ τῇ τοῦ — τόλμῃ (b) oratoris retractationem prave insertam existimo ‖ 7 ἀντιποιήσεσθαι FQ : -σασθαι cett. ‖ **22** 1-12 [utr. gen.] Dextram partem (b) sinistrae (a) praeponunt FQY² mg : om. SYPrvW (Sophianos) : vide *Notit.*, p. 30 et p. 48 ‖ (a) 1 τις om. Q ‖ 6 οὔτ' ἐκείνων οὔθ' ἡμῶν SYPrvW : οὔθ' ἡμῶν οὔτ' ἐκείνων FQ.

qui varie selon le jugement de chacun; mais il est une évidence qui a éclaté aux yeux de tous les hommes de ce monde indistinctement, c'est que la liberté de toute la Grèce reposait, nous le voyons, sur la vie [1] de ces héros: en tout cas, lorsque la destinée les eut ravis, aucun des autres peuples ne s'est insurgé [2]. Soit dit sans choquer, mais en prétendant que la bravoure de ces héros n'était autre que l'âme de la Grèce [3], je pense qu'on dirait vrai. **24** Dès que le souffle eut abandonné le corps de chacun d'eux, l'honneur de la Grèce s'est évanoui. Nous passerons peut-être pour employer une grande hyperbole; néanmoins il faut le dire: de même que si l'on ôtait la lumière à l'ordonnance de l'univers, il n'y aurait plus que malaise et peine dans tout le reste de notre existence, de même à présent que ces hommes nous ont été ravis, c'est dans l'obscurité [4] et dans un profond déshonneur qu'est plongé tout l'ancien prestige des Grecs.

25 Bien des raisons expliquent leur conduite, mais c'est surtout leur régime politique [5] qui fut cause de leur zèle. Les pouvoirs oligarchiques développent la crainte chez les citoyens, mais l'honneur, ils ne l'inspirent pas; et, quand le moment décisif de la guerre est venu, chacun sauve sa vie de gaieté de cœur, sachant bien qu'en fléchissant ses maîtres, soit avec des présents, soit par toute autre forme de complaisance, eût-on commis les indignités

1. C'est le sens originaire de ψυχή : même emploi *supra*, 19 et dans l'épigramme sur les morts de Chéronée (v. 4), citée par Démosthène (*Cour.*, 289). Le mot σῶμα figure à peu près dans le même sens chez Lysias, *Epit.*, 63 et surtout chez Lycurgue, dans une paraphrase de notre texte (*Contre Léocr.*, 50).

2. Un faussaire eût difficilement écrit ces mots après la révolte de Thèbes en 335. Cette phrase dépeint la situation politique du lendemain même de la défaite.

3. Cet emploi figuré est non moins attesté que celui de la n. 1 (voir Isocr., *Aréop.*, 14: « La constitution n'est autre que l'âme de l'État »). Il est toutefois assez expressif pour qu'Aristote l'atténue par un οἷον (*Poétique*, 1450a 38). Pour la pensée, on rapprochera ces mots de Périclès: « Notre Cité est pour la Grèce une vivante leçon » (Thc., II, 41, 1, trad. J. de Romilly).

γνώμης, οὕτως ὑπολαμβάνειν· ὃ δ' ἅπασιν ὁμοίως

τοῖς οὖσιν ἀνθρώποις | ἀνθρώποις τοῖς οὖσιν

γεγένηται φανερόν, ὅτι ἡ πάσης τῆς Ἑλλάδος ἄρ' ἐλευθερία ἐν ταῖς τῶνδε τῶν ἀνδρῶν ψυχαῖς διεσῴζετο· ἐπειδὴ γοῦν ἡ πεπρωμένη τούτους ἀνεῖλεν, οὐδεὶς ἀντέστη τῶν λοιπῶν. Καὶ φθόνος μὲν ἀπείη τοῦ λόγου, δοκεῖ δέ μοί τις ἂν εἰπὼν ὡς ἡ τῶνδε τῶν ἀνδρῶν ἀρετὴ τῆς Ἑλλάδος ἦν ψυχὴ τἀληθὲς εἰπεῖν· **24** ἅμα γὰρ τά τε τούτων πνεύματ' ἀπηλλάγη τῶν οἰκείων σωμάτων, καὶ τὸ τῆς Ἑλλάδος ἀξίωμ' ἀνῄρηται. Μεγάλην μὲν οὖν ἴσως ὑπερβολὴν δόξομεν λέγειν, ῥητέον δ' ὅμως· ὥσπερ γάρ, εἴ τις ἐκ τοῦ καθεστηκότος κόσμου τὸ φῶς ἐξέλοι, δυσχερὴς καὶ χαλεπὸς ἅπας ὁ λειπόμενος

ἂν ἡμῖν βίος γένοιτο, | ἡμῖν βίος γένοιτο ἄν,

οὕτω τῶνδε τῶν ἀνδρῶν ἀναιρεθέντων ἐν σκότει καὶ πολλῇ δυσκλείᾳ πᾶς ὁ πρὸ τοῦ ζῆλος τῶν Ἑλλήνων γέγονεν.

25 Διὰ πολλὰ δ' εἰκότως ὄντες τοιοῦτοι, διὰ τὴν πολιτείαν οὐχ ἥκιστ' ἦσαν σπουδαῖοι· αἱ μὲν γὰρ διὰ τῶν ὀλίγων δυναστεῖαι δέος μὲν ἐνεργάζονται τοῖς πολίταις, αἰσχύνην δ' οὐ παριστᾶσιν· ἡνίκ' ἂν οὖν ὁ ἀγὼν ἔλθῃ τοῦ πολέμου, πᾶς τις εὐχερῶς ἑαυτὸν σῴζει, συνειδὼς ὅτι, ἐὰν τοὺς κυρίους ἢ δώροις ἢ δι' ἄλλης ἡστινοσοῦν ὁμιλίας ἐξαρέσηται, κἂν τὰ δεινότατ' ἀσχη-

23 3 [utr. gén.] (a) YPrvW ‖ (b) FQ ‖ 4 φανερόν : φοβερόν γγρ. ‖ ἡ πάσης YPrvW : ἡ πᾶσα SFQ ἁπάσης r ‖ 6 γοῦν Wolf : οὖν codd ‖ **24** 6 ἐξέλοι FQY² : ἐξέλοιτο cett. ‖ 8 [utr. gen] (a) SYPrvW ‖ (b) FQ ‖ 9 τῶνδε post ἀνδρῶν transp. r ‖ 10 πᾶς SPFQY² : om. YrvW ‖ τοῦ FQY² : τούτου cett. ‖ **25** 4 ἂν οὖν Bekker : γοῦν codd.

les plus noires, on ne s'attirera pour l'avenir qu'un reproche léger. **26** Les démocraties, elles, entre autres garanties nombreuses et belles auxquelles l'homme raisonnable doit s'attacher, possèdent la liberté d'expression qu'on ne saurait détourner, vu qu'elle est liée à la vérité, de mettre ce qui est vrai en lumière : car, d'un côté [1], fléchir tout le monde y est impossible aux responsables d'une infamie; de l'autre, être seul à faire le vrai reproche qui s'impose, n'y est pas offensant [2]. En effet, ceux qui ne se risqueraient pas d'eux-mêmes à tenir des propos outrageants [3], ont du moins plaisir à en entendre de la bouche d'autrui. Aussi, craignant tous à bon droit ces accusations [4], honteux des reproches qui en résulteraient, ont-ils attendu vaillamment le danger qui, du camp des adversaires, avançait sur eux [5], préférant une belle mort à une vie déshonorée.

27 Voilà donc présentés les motifs profonds qui ont inspiré à tous ces hommes indistinctement le goût de mourir en braves : naissance, éducation, habitude d'une conduite noble, esprit général de leur régime politique. Je vais dire maintenant les raisons qui dans chaque tribu [6] les ont poussés à se montrer vaillants.

Les Érechthides savaient tous qu'Érechthée, leur éponyme, pour sauver son pays, supprima ses filles nommées Hyacinthides [7], en les livrant à une mort publique : ils ont donc jugé honteux qu'un descendant des dieux eût tout fait pour délivrer son pays, tandis qu'eux-mêmes on les verrait préférer leur corps mortel à une gloire immortelle. **28** Les Égéides n'ignoraient pas que Thésée, fils d'Égée, avait institué dans la Cité l'égalité civique [8] : ils ont donc jugé scandaleux de trahir ce principe de leur ancêtre

1. Le texte des manuscrits ne se comprend pas. J'ai lu οὔθ' à la place de ὥστε, conservé par Blass, qui est d'ailleurs contraint de remplacer au début de la phrase οὔτε par οὐδέ. L'idée de Démosthène est claire : en démocratie il est difficile d'étouffer un scandale; on a même plaisir à le voir dénoncer. Comparer *Contre Androtion*, 31, chez Hyp., *Pour Lyc.*, 14; l'opposition est dans notre passage très bien rendue par οὔτε... οὔθ' et disparaît si on lit ὥσθ'.

μονήσῃ, μικρὸν ὄνειδος τὸ λοιπὸν αὐτῷ καταστήσεται·
26 αἱ δὲ δημοκρατίαι πολλά τ' ἄλλα καὶ καλὰ καὶ δίκαι' ἔχουσιν, ὧν τὸν εὖ φρονοῦντ' ἀντέχεσθαι | δεῖ, καὶ τὴν παρρησίαν ἐκ τῆς ἀληθείας ἠρτημένην οὐκ ἔστι

τἀληθὲς δηλοῦν ἀποτρέψαι. | ἀποτρέψαι δηλοῦν τἀληθές.

Οὔτε γὰρ πάντας ἐξαρέσασθαι τοῖς αἰσχρόν τι ποιήσασιν δυνατόν, οὔθ' ὁ μόνος τἀληθὲς ὄνειδος λέγων λυπεῖ· καὶ γὰρ οἱ μηδὲν ἂν εἰπόντες αὐτοὶ βλάσφημον ἄλλου γε λέγοντος χαίρουσιν ἀκούοντες. Ἃ φοβούμενοι πάντες εἰκότως τῇ τῶν μετὰ ταῦτ' ὀνειδῶν αἰσχύνῃ τόν τε προσιόντ' ἀπὸ τῶν ἐναντίων κίνδυνον εὐρώστως ὑπέμειναν, καὶ θάνατον καλὸν εἵλοντο μᾶλλον ἢ βίον αἰσχρόν.

27 Ἃ μὲν οὖν κοινῇ πᾶσιν ὑπῆρχεν τοῖσδε τοῖς ἀνδράσιν εἰς τὸ καλῶς ἐθέλειν ἀποθνῄσκειν, εἴρηται, γένος, παιδεία, χρηστῶν ἐπιτηδευμάτων συνήθεια, τῆς ὅλης πολιτείας ὑπόθεσις· ἃ δὲ κατὰ φυλὰς παρεκάλεσεν ἑκάστους εὐρώστους εἶναι, ταῦτ' ἤδη λέξω.

Ἤιδεσαν πάντες Ἐρεχθεῖδαι τὸν ἐπώνυμον αὐτῶν Ἐρεχθέα, ἕνεκα τοῦ σῶσαι τὴν χώραν τὰς αὑτοῦ παῖδας, ἃς Ὑακινθίδας καλοῦσιν, εἰς προὖπτον θάνατον δόντ' ἀναλῶσαι· αἰσχρὸν οὖν ἡγοῦντο τὸν μὲν ἀπ' ἀθανάτων πεφυκότα πάντα ποιεῖν ἕνεκα τοῦ τὴν πατρίδ' ἐλευθερῶσαι, αὐτοὶ δὲ φανῆναι θνητὸν σῶμα ποιούμενοι περὶ πλείονος ἢ δόξαν ἀθάνατον. 28 Οὐκ ἠγνόουν Αἰγεῖδαι Θησέα τὸν Αἰγέως πρῶτον ἰσηγορίαν καταστησάμενον τῇ πόλει · δεινὸν οὖν ἡγοῦντο

προδοῦναι τὴν ἐκείνου | ἐκείνου προδοῦναι τὴν

26 5 [utr. gen.] (a) SYPrvW ‖ (b) FQ ‖ 7 οὔθ' nos : ὥσθ' codd. ‖ 27 4-5 παρεκάλεσεν : παρεσκεύασεν Fγρ. Qγρ ‖ 28 4 [utr. gen.] (a) SYPrvW ‖ (b) FQ.

et ils ont préféré mourir, plutôt que de le voir s'évanouir chez les Grecs, en restant amoureusement attachés à l'existence. Les Pandionides avaient recueilli la tradition relative à Procné et Philomèle [1], filles de Pandion, et à la vengeance qu'elles tirèrent de Térée pour les outrages qu'il leur avait fait subir : ils ont donc pensé que la vie ne leur serait plus possible

<table><tr><td>si, étant du même sang, ils ne faisaient pas preuve d'un courage digne d'elles,</td><td>s'ils ne faisaient pas preuve d'un courage digne de leur sang,</td></tr></table>

devant les outrages qu'ils voyaient subir à la Grèce. **29** Les Léontides avaient appris la légende des Vierges, filles de Léos, qui s'offrirent [2] en victimes à leurs concitoyens pour la sauvegarde de leurs pays : dès là que ces femmes témoignèrent d'une telle virilité, ils se dirent qu'il ne leur était pas permis de se conduire, eux des hommes, en soldats moins virils qu'elles. Les Acamantides se souvenaient des vers où Homère dit que, par égard pour sa mère Aethra [3], Acamas partit pour Troie. Il tâta de toutes sortes de dangers pour sauver sa mère, et eux,

<table><tr><td>quand il s'agissait de l'ensemble de leurs proches parents, ne fallait-il pas s'attendre à les voir, pour les sauver,</td><td>pour sauver l'ensemble des parents qu'ils avaient chez eux, ne fallait-il pas s'attendre à les voir</td></tr></table>

affronter toutes sortes de dangers? **30** Il n'échappait

1. Pandion, roi d'Athènes, maria sa fille Procné à son allié thrace Térée ; mais ce dernier violenta Philomèle, sœur de Procné et lui coupa la langue. Les deux sœurs se vengèrent en faisant manger à Térée son fils Itys ; là-dessus, Procné fut métamorphosée en rossignol, Philomèle en hirondelle, Térée en huppe. Sophocle avait renouvelé l'intérêt de cette légende peu après 431, dans une tragédie perdue, *Téreus*, diligemment étudiée par L. Gernet dans les *Mélanges Navarre*, 1935, p. 207-217. Démosthène faisait partie de la tribu des Pandionides.

προαίρεσιν, καὶ τεθνάναι μᾶλλον ᾑροῦντ' ἢ καταλυομένης ταύτης παρὰ τοῖς Ἕλλησιν ζῆν φιλοψυχήσαντες. Παρειλήφεσαν Πανδιονίδαι Πρόκνην καὶ Φιλομήλαν τὰς Πανδίονος θυγατέρας, ὡς ἐτιμωρήσαντο Τη|ρέα διὰ τὴν εἰς αὐτὰς ὕϐριν· οὐ βιωτὸν οὖν ἐνόμιζον αὐτοῖς, εἰ μὴ

<table>
<tr><td>συγγενεῖς ὄντες θυμὸν ἔχοντες ὁμοῖον ἐκείναις φανήσονται,</td><td>συγγενῆ φανήσονται τὸν θυμὸν ἔχοντες ἐκείναις,</td></tr>
</table>

ἐφ' οἷς τὴν Ἑλλάδ' ἑώρων ὑϐριζομένην. **29** Ἠκηκόεσαν Λεωντίδαι μυθολογουμένας τὰς Λεὼ κόρας, ὡς ἑαυτὰς ἔδοσαν σφάγιον τοῖς πολίταις ὑπὲρ τῆς χώρας· ὅτε δ' οὖν γυναῖκες ἐκεῖναι τοιαύτην ἔσχον ἀνδρείαν, οὐ θεμιτὸν αὐτοῖς ὑπελάμϐανον χείροσιν ἀνδράσιν οὖσιν ἐκείνων φανῆναι. Ἐμέμνηντ' Ἀκαμαντίδαι τῶν ἐπῶν ἐν οἷς Ὅμηρος ἕνεκα τῆς μητρός φησιν Αἴθρας Ἀκάμαντ' εἰς Τροίαν στεῖλαι· ὁ μὲν οὖν παντὸς ἐπειρᾶτο κινδύνου τοῦ σῶσαι τὴν ἑαυτοῦ μητέρ' ἕνεκα· οἱ δὲ τοὺς

<table>
<tr><td>[οἴκοι] σύμπαντας οἰκείους γονέας [ἕνεκα τοῦ σῶσαι] πῶς οὐκ ἔμελλον ὑπὲρ τοῦ σῶσαι</td><td>οἴκοι σύμπαντας γονέας ἕνεκα τοῦ σῶσαι πῶς οὐκ ἔμελλον</td></tr>
</table>

πάντα κίνδυνον ὑπομένειν; **30** Οὐκ ἐλάνθανεν Οἰνείδας

28 11-13 [utr. gen.] (a) SYPrvW (Sophianos) ‖ 12 ὁμοῖοι YrW^a (-οῖον Y^2) ‖ ἐκείνοις v ‖ (b) FQY^2 ‖ 11 ἐκείναις nos : ἐκείνοις FQY^2 ‖ **29** 7-9 μητρός... μητέρ' codd. Errorem bis repetitum, cui nomen Phaedra nil medetur, ut Demosthenicum non corrigo ‖ 7 Αἴθρας : Φαίδρας Fγρ. Qγρ. ‖ 11-14 [utr. gen.] (cf. *Notitiam*, p. 48 (a) primae familiae attribuo (SYPrvW) ‖ 11 (a) οἴκοι delevi ‖ 12 (a) ἕνεκα τοῦ σῶσαι delevi ‖ 13-14 (a) ὑπὲρ τοῦ σῶσαι om. P. expunx. Y^2 ‖ (b) secundae familiae attribuo (FQ Sophianos).

pas aux Oenéides que de Cadmos descendait Sémélé, de Sémélé celui que la bienséance m'empêche de nommer devant cette tombe [1], et de ce dernier Oenée, qui avait le titre d'auteur [2] de leur race. Comme le danger qui nous menaçait était commun aux deux Cités, ils crurent de leur devoir de lutter coûte que coûte pour la défense de toutes les deux [3]. Les Cécropides savaient que l'auteur de leur race était, disait-on, moitié serpent, moitié homme, pour l'unique raison que l'on rapprochait son jugement de celui de l'homme et sa force de celle du serpent [4] : ils ont pensé qu'il leur appartenait de faire des exploits dignes de l'un et de l'autre.
31 Les Hippothoontides [5] se souvenaient des noces d'Alopè d'où naquit Hippothoon, et ils savaient que l'auteur de leur race [6]... ; mais sur ce point, voulant observer une décence en rapport avec les circonstances, je néglige d'entrer dans les détails : ils crurent donc de leur devoir qu'on les vît accomplir des exploits dignes de ces ancêtres. Il n'échappait pas aux Aïantides qu'Ajax, frustré du prix de la vaillance [7], avait jugé la vie impossible pour lui [8] : au moment donc où la divinité s'apprêtait à décerner ce prix à un autre peuple, ils crurent de leur devoir de mourir en repoussant les ennemis, de manière à ne pas subir un outrage indigne d'eux. Les Antiochides n'ignoraient pas qu'Antiochos était fils d'Héraclès [9] : ils estimèrent donc de leur devoir ou bien de vivre en restant dignes de cet héritage, ou de mourir noblement.

32 Quant à leurs proches parents [10], qui vivent, ils sont pitoyables d'être privés de pareils héros et d'être sevrés d'une société intime et affectueuse : les affaires de la Cité sont abandonnées et ce n'est partout que larmes et deuils [11]. Bienheureux au contraire, ceux-ci, si l'on raisonne juste. Et d'abord, en échange [12] d'une courte

12. L'idée, brièvement exprimée ici, qu'une vie courte, mais glorieuse, l'emporte sur une vie longue, mais obscure, remonte à l'épopée. Les Grecs de l'époque classique n'y étaient pas insensibles : voir Thc., II, 42, 4; voir aussi Platon, Apol., 28 b-d, où Socrate se règle sur les maximes d'Achille (*Iliade*, XVIII, 94); cf. A.-J. Festugière, *La Sainteté*, p. 37-40.

ὅτι Κάδμου μὲν Σεμέλη, τῆς δ' ὃν οὐ πρέπον ἐστὶν ὀνομάζειν ἐπὶ τοῦδε τοῦ τάφου, τοῦ δ' Οἰνεὺς γέγονεν, ὃς ἀρχηγὸς αὐτῶν ἐκαλεῖτο· κοινοῦ δ' ὄντος ἀμφοτέραις ταῖς πόλεσιν τοῦ παρόντος κινδύνου, ὑπὲρ ἀμφοτέρων ἅπασαν ᾤοντο δεῖν ἀγωνίαν ἐκτεῖναι. Ἤιδεσαν Κεκροπίδαι τὸν ἑαυτῶν ἀρχηγὸν τὰ μὲν ὡς ἔστιν δράκων, τὰ δ' ὡς ἔστιν ἄνθρωπος λεγόμενον, οὐκ ἄλλοθέν ποθεν ἢ τῷ τὴν σύνεσιν αὐτοῦ προσομοιοῦν ἀνθρώπῳ, τὴν ἀλκὴν δὲ δράκοντι· ἄξια δὴ τούτων πράττειν ὑπελάμβανον αὑτοῖς προσήκειν.

31 Ἐμέμνηνθ' Ἱπποθωντίδαι τῶν Ἀλόπης γάμων, ἐξ ὧν Ἱπποθῶν ἔφυ, καὶ τὸν ἀρχηγὸν ᾔδεσαν — ·ὧν τὸ πρέπον φυλάττων ἐγὼ τῷδε τῷ καιρῷ, τὸ σαφὲς εἰπεῖν ὑπερβαίνω· ἄξια δὴ τούτων ᾤον| το δεῖν [προσήκειν] ποιοῦντες ὀφθῆναι. Οὐκ ἐλάνθανεν Αἰαντίδας ὅτι τῶν ἀριστείων στερηθεὶς Αἴας ἀβίωτον ἑαυτῷ ἡγήσατο τὸν βίον· ἡνίκ' οὖν ὁ δαίμων ἄλλῳ τἀριστεῖ' ἐδίδου, τότε τοὺς ἐχθροὺς ἀμυνόμενοι τεθνάναι δεῖν ᾤοντο, ὥστε μηδὲν ἀνάξιον αὑτῶν παθεῖν. Οὐκ ἠμνημόνουν Ἀντιοχίδαι Ἡρακλέους ὄντ' Ἀντίοχον· δεῖν οὖν ἡγήσαντ' ἢ ζῆν ἀξίως τῶν ὑπαρχόντων ἢ τεθνάναι καλῶς.

32 Οἱ μὲν οὖν ζῶντες οἰκεῖοι τούτων ἐλεινοί, τοιούτων ἀνδρῶν ἐστερημένοι καὶ συνηθείας πολλῆς καὶ φιλανθρώπου διεζευγμένοι, καὶ τὰ τῆς πατρίδος πράγματ' ἔρημα καὶ δακρύων καὶ πένθους πλήρη· οἱ δ' εὐδαίμονες τῷ δικαίῳ λογισμῷ. Πρῶτον μὲν ἀντὶ μικροῦ

30 2 τῆς δ' ὃν Reiske : τῆς δὲ υἱὸν ὄντα ὃν codd. ‖ 8-9 λεγόμενον Wolf : λεγόμενος codd. ‖ **31** 2 post ᾔδεσαν sententia interrupta ominis causa ‖ ὧν rv Bodl. Barocc. 73 Vat. Palat. gr. 172 ον S ὅν Y ὃν PrvWFQ ‖ 3 σαφὲς SYPrvWF : σαφῶς Q σαφ].ῶς. F[sl] ‖ 4-5 προσήκειν del. Schaefer ‖ 6 ἡγήσατο Pv Bodl. Barocc. 73 et 139 Laur. 59, 27 : ἡρήσατο rW ἡιρήσατο SYFQ ‖ **32** 4-5 εὐδαίμονες P : δὲ δαίμονες SYrvW FQ.

existence, ils laissent en héritage [1], pour longtemps, pour toujours, une réputation qui ne vieillira pas, au sein de laquelle leurs propres enfants seront élevés [2] avec honneur et leurs propres parents [3] seront nourris avec considération dans leur vieillesse, tous trouvant un adoucissement à leur deuil dans la réputation de ces hommes [4].
33 En outre, à l'abri de ces maladies physiques et de ces chagrins du cœur que subissent les vivants au gré des circonstances [5], ils obtiennent les honneurs traditionnels, en étant l'objet d'une grande estime et d'une profonde envie. De fait, comment ne pas juger heureux des hommes à qui la patrie tout entière fait des funérailles nationales, qui ont le privilège d'obtenir des éloges publics, qui sont regrettés non seulement de leurs parents et de leurs concitoyens, mais encore de tout le pays qu'on est en droit d'appeler la Grèce [6] et au deuil desquels s'associe la plus grande partie de l'univers? **34** On peut sans invraisemblance dire qu'ils sont les assesseurs des dieux d'en-bas [7] et qu'ils ont dans les îles des Bienheureux le même rang que les hommes de cœur leurs devanciers. Sans doute n'a-t-on pas vu non plus ce qu'on rapporte de ces héros-là [8]; mais les hommes que, nous, les vivants, nous avons jugés dignes des honneurs de ce monde, nous pensons, en le présageant d'après leur gloire, que dans l'autre aussi ils obtiennent les mêmes honneurs.

35 Il est sans doute difficile [9] d'adoucir par des paroles les malheurs présents : il faut toutefois essayer de tourner aussi son esprit vers les pensées consolantes, en se disant que lorsqu'on a engendré des héros de cette valeur et qu'on descend soi-même d'autres héros semblables, il est beau de montrer qu'on supporte les épreuves avec plus de dignité que les autres et de ne pas dégénérer, quelque malheur qui vous frappe. **36** Voilà qui serait plus que tout pour ces braves une parure et un honneur; voilà qui vaudrait à toute la Cité et aux vivants la plus grande réputation. Il est pénible pour un père et une mère d'être privés de leurs enfants et de manquer des plus

1. Voir *supra*, p. 52, n. 7.

χρόνου πολὺν καὶ τὸν ἅπαντ' εὔκλειαν ἀγήρω καταλείπουσιν, ἐν ᾗ καὶ παῖδες οἱ τούτων ὀνομαστοὶ τραφήσονται καὶ γονεῖς οἱ τούτων περίβλεπτοι γηροτροφήσονται, παραψυχὴν τῷ πένθει τὴν τούτων εὔκλειαν ἔχοντες. **33** Ἔπειτα νόσων ἀπαθεῖς τὰ σώματα καὶ λυπῶν ἄπειροι τὰς ψυχάς, ἃς ἐπὶ τοῖς συμβεβηκόσιν οἱ ζῶντες ἔχουσιν, ἐν μεγάλῃ τιμῇ καὶ πολλῷ ζήλῳ τῶν νομιζομένων τυγχάνουσιν· οὓς γὰρ ἅπασα μὲν ἡ πατρὶς θάπτει δημοσίᾳ, κοινῶν δ' ἐπαίνων μόνοι τυγχάνουσιν, ποθοῦσι δ' οὐ μόνον οἱ συγγενεῖς καὶ πολῖται, ἀλλὰ πᾶσαν ὅσην Ἑλλάδα χρὴ προσειπεῖν, συμπεπένθηκεν δὲ καὶ τῆς οἰκουμένης τὸ πλεῖστον μέρος, πῶς οὐ χρὴ τούτους εὐδαίμονας νομίζεσθαι; **34** Οὓς παρέδρους εἰκότως ἄν τις φήσαι τοῖς κάτω θεοῖς εἶναι, τὴν αὐτὴν τάξιν ἔχοντας τοῖς προτέροις | ἀγαθοῖς ἀνδράσιν ἐν μακάρων νήσοις· οὐ γὰρ ἰδών τις οὐδὲ περὶ ἐκείνων ταῦτ' ἀπήγγελκεν, ἀλλ' οὓς οἱ ζῶντες ἀξίους ὑπειλήφαμεν τῶν ἄνω τιμῶν, τούτους τῇ δόξῃ καταμαντευόμενοι κἀκεῖ τῶν αὐτῶν τιμῶν ἡγούμεθ' αὐτοὺς τυγχάνειν.

35 Ἔστι μὲν οὖν ἴσως χαλεπὸν τὰς παρούσας συμφορὰς λόγῳ κουφίσαι· δεῖ δ' ὅμως πειρᾶσθαι καὶ πρὸς τὰ παρηγοροῦντα τρέπειν τὴν ψυχήν, ὡς τοὺς τοιούτους ἄνδρας γεγεννηκότας καὶ πεφυκότας αὐτοὺς ἐκ τοιούτων ἑτέρων καλόν ἐστιν τὰ δείν' εὐσχημονέστερον τῶν ἄλλων φέροντας ὁρᾶσθαι καὶ πάσῃ τύχῃ χρωμένους ὁμοίους εἶναι. **36** Καὶ γὰρ ἐκείνοις ταῦτ' ἂν εἴη μάλιστ' ἐν κόσμῳ καὶ τιμῇ, καὶ πάσῃ τῇ πόλει καὶ τοῖς ζῶσιν ταῦτ' ἂν ἐνέγκοι πλείστην εὐδοξίαν.

33 2 ἃς Y²γρ. : τὰς cett. ‖ 3 ἐν YFQ : ὧν SPrvW ὃν Y² ‖ 6 μόνον οἱ FQ : μόνοι cett. (error ex l. 5 natus) ‖ 9 νομίζεσθαι PFγρ. Qγρ. Y²γρ. : om. SYrvWFQ ‖ **34** 5 ἀπήγγελκεν SFQY² : ἤγγελκεν YPrvW ‖ **35** 4 γεγεννηκότας Feliciano : γεγονότας codd.

chers nourriciers de leur vieillesse : c'est du moins une auguste faveur que le spectacle de ces hommes qui ont obtenu de l'État des honneurs qui ne vieillissent pas et une commémoration de leur bravoure, sans oublier des sacrifices et des jeux immortels [1] dont ils ont été jugés dignes.

37 Il est douloureux pour des enfants de se trouver orphelins de père : c'est du moins un bel avantage que de recevoir en héritage la réputation paternelle. Le responsable de cette douloureuse situation, nous trouverons que c'est la divinité [2], devant laquelle, créatures humaines, nous devons obligatoirement nous incliner; mais le responsable de ce précieux et noble héritage, c'est le libre choix de ceux qui ont voulu mourir noblement.

Ce que je me suis proposé, ce n'est pas d'être long, mais d'être véridique; de votre côté, après les lamentations, l'accomplissement régulier des formalités et des cérémonies d'usage, retirez-vous [3].

1. Voir § 13 et la note (p. 57, n. 2).
2. Sur ce rôle de la divinité, voir la *Notice*, p. 32.
3. Même formule finale chez Thucydide, II, 46; Platon, *Ménex.*, 249c.

Χαλεπὸν πατρὶ καὶ μητρὶ παίδων στερηθῆναι καὶ ἐρήμοις εἶναι τῶν οἰκειοτάτων γηροτρόφων· σεμνὸν δέ γ' ἀγήρως τιμὰς καὶ μνήμην ἀρετῆς δημοσίᾳ κτησαμένους ἐπιδεῖν, καὶ θυσιῶν καὶ ἀγώνων ἠξιωμένους ἀθανάτων. 37 Λυπηρὸν παισὶν ὀρφανοῖς γεγενῆσθαι πατρός· καλὸν δέ γε κληρονομεῖν πατρῴας εὐδοξίας. Καὶ τοῦ μὲν λυπηροῦ τούτου τὸν δαίμον' αἴτιον εὑρήσομεν ὄντα, ᾧ φύντας ἀνθρώπους εἴκειν ἀνάγκη, τοῦ δὲ τιμίου καὶ καλοῦ τὴν τῶν ἐθελησάντων καλῶς ἀποθνῄσκειν αἵρεσιν.

'Εγὼ μὲν οὖν οὐχ ὅπως πολλὰ λέξω, τοῦτ' ἐσκεψάμην, ἀλλ' ὅπως τἀληθῆ· ὑμεῖς δ' ἀποδυράμενοι καὶ τὰ προσήκονθ' ὡς χρὴ καὶ νόμιμα ποιήσαντες ἄπιτε.

36 4 Χαλεπὸν codd. : οἰκτρὸν Alexander (Walz, VIII, 457) ‖ 5-6 ἀγήρως τιμὰς codd. : τιμὰς ἀγ- Pollux, II, 15 ‖ 7 θυσιῶν : οὐσιῶν S (corr. S[2]).

Stichometria $\overline{\text{HHH𐅄ΔΔ}}$ nos (ex retractata oratione) : $\overline{\text{HHHHIIII}}$ SYQ $\overline{\text{HHH𐅄ΠII}}$ Graux.

APPENDICE

Extrait de la traduction de J. Sophianos (§ 21) [1].

Puto autem si quis eos in acie nobis adversos percontaretur utrum propria virtute et ducis experientia et arte an inopinata et maligna fortuna bene rem gessisse arbitrentur, neminem adeo impudentem fore qui ut de re a se gesta sibi blandiatur.

1. Sur cette traduction et les raisons de citer ce passage, voir la *Notice*, p. 39 et la n. 1 du § 21, p. 119.

ÉROTICOS
(DISCOURS SUR L'AMOUR)

NOTICE

I

L'ŒUVRE

La conversation est déjà commencée lorsque débute le *préambule* : un homme, qui ne se nomme pas, cède aux instances d'un interlocuteur, lui aussi inconnu, et va lui lire une lettre, en forme de discours, composée par un auteur anonyme en l'honneur du jeune Épicrate (1) : discours honnête qui comprendra d'abord un *éloge* du jeune homme, puis des *conseils* touchant sa carrière : le style sera celui d'un discours écrit et non pas d'une œuvre improvisée. Justement arrive Épicrate (2) et la lecture commence.

Dans l'*introduction* (3-7), l'auteur distingue soigneusement entre les passions viles et l'amour vertueux, le seul qui soit ici en cause; il rappelle combien il est difficile de louer un être parfait et de donner des conseils à ses disciples. Puis il indique la division de la première partie, l'*éloge*, où seront célébrés la beauté, la tempérance, le courage et l'affabilité de l'intéressé, qui a porté toutes ces qualités à la perfection (8-9). Développement de ces points (10-29) : d'abord la beauté (10-16) et principalement la physionomie : le jeune homme est plus beau que les œuvres mêmes des artistes; puis la tempérance (17-20) : tout le monde est satisfait de lui et nul n'ose le détourner du droit chemin; enfin, l'agrément de sa conversation [1] (21).

1. On observera que l'affabilité est traitée avant le courage, contrairement aux indications du § 9 : l'ordre finalement adopté est plus naturel.

Pour le courage du jeune homme (22-29), il se voit dans le choix de ses épreuves sportives, en particulier la voltige : description d'une de ses compétitions où il a ravi tous les spectateurs. *Conclusion* de l'éloge (30-33) : le jeune homme réunit des qualités qu'on trouve d'ordinaire isolées, même chez les demi-dieux. Ici commence *l'exhortation* (34-50). Appel à l'attention du jeune homme, dont les actions seront d'autant plus observées qu'il est plus connu (35). Rôle prépondérant de la pensée dans l'éducation; elle l'emporte sur les faveurs de la Fortune (36-40). Or, c'est la philosophie qui forme la pensée et qu'il faut cultiver (41). Le talent, quand il est développé par la science, l'emporte sur la simple expérience (42-43). Dans les sciences mêmes, supériorité de la politique sur les autres disciplines, comme la géométrie (44). Exemples édifiants tirés des anciens et des modernes (45-47). L'auteur, qui n'est pas un sophiste, ne se propose pas de donner lui-même cette éducation philosophique, mais rappelle l'estime où la tenait Solon, qui, malgré ses talents de législateur et d'homme d'État, a voulu couronner toutes ces vertus par le titre de sophiste (48-50). *Conclusion* de l'exhortation (51-57) : l'auteur ne veut pas séduire le jeune homme, il parle pour son bien et l'invite à sortir du rang quand la Cité voudra employer ses talents; en attendant qu'il sache s'entourer d'amis honnêtes.

Les idées de l'auteur.

Le simple résumé de cette œuvre permet de déceler l'influence que Platon a exercée sur son auteur : l'amour compris comme un stimulant de la pédagogie, l'empire de l'âme sur le corps, la supériorité de la politique sur les autres activités humaines, tout fait songer au *Banquet*, au *Phédon*, à la *République*. Mais cette première impression est atténuée par la lecture même du texte : on y découvre, en effet, un platonisme fort tempéré et qui se hausse avec peine au niveau de Xénophon et d'Isocrate, auxquels l'auteur emprunte plus souvent ses formules qu'à l'œuvre même de Platon. Ce vernis philosophique est la marque d'un homme cultivé, plus soucieux d'éclectisme qu'attaché à une doctrine unique. C'est pourquoi il est difficile de mettre un nom précis sous beaucoup de ses affirmations; il suit rarement un auteur [1] au point d'en épouser les querelles ou d'en reproduire littéralement les idées. A une source qu'on décèle, se mêlent constamment d'autres souvenirs.

C'est ainsi que l'inspiration fondamentale, qui repose sur la distinction entre l'amour physique et l'amour intellectuel, est un écho du *Banquet* [2] où Platon nous dit que celui qui est « fécond selon l'esprit... s'attache aux beaux corps de préférence aux laids » et que « s'il y rencontre une belle âme, généreuse et bien née, cette double beauté le séduit entièrement. En présence d'un tel homme », poursuit Platon, « il sent aussitôt affluer les paroles sur la vertu, sur les devoirs et les occupations de l'homme de bien et il entreprend de l'instruire ». Ces lignes contiennent le plan même de l'*Éroticos*, avec son éloge doublé d'une exhortation. Seulement, on chercherait en vain chez notre auteur l'enthousiasme de Platon, qui avoue son faible pour la beauté physique avant de se hausser jusqu'à la contemplation de la Beauté en soi : la tentation vaincue et transposée par le philosophe en un désir d'instruire le cède ici à un éloge hyperbolique et à une plate distinction entre la beauté du corps et celle de l'âme [3], telle que l'établit par exemple Xénophon dans les *Mémorables* (IV, 1, 2).

Quant à l'empire de l'âme sur le corps, lui aussi il est célébré sur un tout autre ton que dans le *Phédon* ou le *Banquet*. Lorsque Platon oppose le corps à l'âme, il se

1. Il n'y a guère que deux chapitres consécutifs des *Mémorables* (IV, 1 et IV, 2, auxquels on ajoutera IV, 7) où se trouvent groupées des idées développées par notre auteur : ils portent sur l'amour voué aux âmes vertueuses (IV, 1, 1-2 : cf. *Erot.*, 2, 4) ; sur les gens doués mais paresseux opposés aux gens doués et instruits (IV, 1, 3-4 : cf. *Erot.*, 38-43) ; sur le ridicule de chercher des maîtres pour les arts inférieurs et de les refuser pour la politique (IV, 2, 2 : cf. *Erot.*, 47) ; sur la vanité des études géométriques et astronomiques trop poussées (IV, 7, 3-5 : cf. *Erot.*, 44). Mais, comme on le verra, l'enseignement contenu dans ces chapitres n'est pas le seul qu'ait suivi notre auteur pour chacun des sujets qui y sont traités.

2. 209 a-b, trad. Chambry.

3. *Erot.*, 1 (n. 4) et 32.

mêle à son analyse, selon les circonstances, ou bien une amertume provoquée par les zélateurs des plaisirs physiques [1] ou un enthousiasme inspiré par l'attrait de la Contemplation [2]. Ici au contraire cette dualité est établie comme une vérité reçue [3] et l'auteur ne garde de Platon qu'une sèche définition d'école [4], telle qu'on la retrouve chez Isocrate (*Éch.*, 180), ou qu'on la rencontre bien plus tard, même en dehors de l'école platonicienne [5]. Et si certaines tournures de notre auteur rappellent de très près des phrases du *Protreptique* d'Aristote [6], il faut avouer que c'est plutôt une affaire de mots : aussi bien sommes-nous loin du Stagirite et de la « crise intellectuelle [7] » qui le poussait, sous l'influence de Platon, à se réfugier dans la pensée pure et dans la méditation des Idées [8]. Notre auteur, lui, reste au niveau beaucoup plus humble du discours *sur l'Échange* [9], auquel Aristote a, sans doute, répondu dans le *Protreptique* [10], mais sans que les arguments supérieurs qu'il utilise aient laissé la moindre trace dans les passages philosophiques de l'*Éroticos*.

1. Voir *Phédon* 82a.
2. Voir *Banquet*, 209a et la note 1 de Léon Robin, p. LXXXIX de son *Introduction* (éd. du *Banquet*, Paris, Les Belles Lettres).
3. *Erot.*, 37-38.
4. Voir le *Phédon* 80a : ... τῷ μὲν δουλεύειν καὶ ἄρχεσθαι ἡ φύσις προστάττει, τῇ δὲ ἄρχειν καὶ δεσπόζειν.
5. Voir Salluste, *Catilina*, I, 2.
6. Voir *Protreptique* dans W. D. Ross, *Aristotelis fragmenta selecta*, Oxford, 1955, p. 32 : ... ψυχὴ μὲν σώματος ἄμεινον (ἀρχικώτερον γὰρ τὴν φύσιν ἐστί)...; ou dans I. During, *Aristotle's Protrepticus*, Göteborg, 1961, p. 60, section B 34.
7. Voir A.-J. Festugière, *La Révélation d'Hermès Trismégiste*, t. 2, Paris, 1949, p. 169.
8. *Id.*, *ibid.*, p. 173, n. 2.
9. Voir *Sur l'Échange*, 180, passage déjà cité, où ne transparaît pas plus que dans l'*Eroticos* (37-38) le moindre goût pour « l'ascèse ».
10. C'est l'opinion la plus vraisemblable (voir Aristotle, *Protrepticus, A Reconstruction*, par A. H. Chroust, 1964, p. XIV). Sur la dispute relative à cette question, mais qui ne nous touche pas directement, voir P. Moraux, *Les listes anciennes des ouvrages d'Aristote*, Louvain, 1951, p. 325.

Même dégradation du platonisme dans l'expression des idées politiques. Platon fait au philosophe une obligation de prendre part au gouvernement, et, dans le passage du *Banquet* [1] invoqué plus haut, il affirme que « la partie la plus importante et la plus belle de la Sagesse est celle qui tient au gouvernement des États ». C'est que, pour lui, la politique doit être éclairée par la dialectique; à ce titre les sciences ont un rôle à jouer dans la formation du philosophe : sans doute ne sont-elles qu'un « prélude [2] », mais elles entraînent l'esprit en le familiarisant avec les abstractions pures. Isocrate lui-même, qui se raille des éristiques, s'accorde ici avec Platon, en prétendant que les gens « versés dans l'astronomie, la géométrie, etc... rendent plus de service qu'on ne pense [3] ». Notre auteur au contraire considère la politique comme un moyen supérieur d'arriver [4], et il se passerait fort bien, à la rigueur, de la géométrie [5] comme discipline auxiliaire : quant à la façon de devenir un politique éclairé, il n'en souffle mot. Rien non plus sur le mode de gouvernement qu'il préfère : tout au plus peut-on croire qu'il vit sous un régime démocratique et qu'il recherche honnêtement les postes avantageux offerts aux talents de chacun [6]. Malgré son souci de s'élever au-dessus de la simple expérience [7], on ne voit pas qu'il accède même au degré inférieur de l'opinion vraie (ἀληθὴς δόξα) dont Isocrate avait montré les mérites [8]. La philosophie dont il fait tellement sonner le nom aboutit pour lui à l'art de parler et de délibérer [9] et ne se complète ni par une métaphysique élevée, comme

1. *Banquet*, 209b.
2. *La République*, 531d.
3. *Sur l'Échange*, 261. Même opinion moyenne dans Xénophon, *Mémorables*, IV, 7, 2.
4. Voir *Eroticos*, 52 et 55.
5. Voir *Eroticos*, 44, où il apparaît que le respect humain, seul, invite le jeune homme à pratiquer cette science.
6. Voir *Eroticos*, 55 et la note.
7. Voir *Eroticos*, 43.
8. Voir *sur l'Échange*, 184.
9. Voir *Eroticos*, 41. C'est la formule même d'Isocrate (*Sur l'Échange*, 266), mais arrachée à son contexte et dépourvue de toute justification.

celle de Platon, ni par une politique positive comme celle d'Isocrate.

Outre ces spéculations ambitieuses, on trouve répandues dans cet essai d'autres idées familières aux esprits du IVe siècle.

La distinction entre les gens doués et les esprits laborieux, que Platon se plaisait à faire [1], est reprise ici [2], mais en des termes qui rappellent plutôt le discours *sur l'Échange* [3] ou les *Mémorables* [4]. C'est aussi à la suite d'Isocrate [5] plus que de Platon que notre auteur [6] oppose les réussites inconstantes de l'inspiration aux acquisitions assurées du savoir.

Restent deux points auxquels on s'intéressait particulièrement du temps d'Aristote.

La physiognomonie d'abord [7]. Sans doute Platon n'a-t-il pas ignoré cette « science » toute nouvelle de son temps; encore n'a-t-il fait que l'effleurer [8] et ne semble-t-il pas l'avoir prise beaucoup au sérieux. En revanche, Aristote l'a en partie systématisée et, quelque défiance qu'inspire l'authenticité de la *Physiognomonie* [9], on ne peut nier les passages parallèles qu'on lui trouve dans les œuvres incontestées d'Aristote [10]; or, notre auteur touche lui aussi à cette question [11] et s'y réfère en homme qui semble connaître familièrement certains passages d'Aristote [12];

1. Voir *Protagoras*, 327a-c.

2. *Eroticos*, 42.

3. *Sur l'Échange*, 185; voir aussi, Isocrate, *Contre les Sophistes*, 14.

4. Xénophon, *Mémorables*, IV, 1, 1-3.

5. *Sur l'Echange*, 191; voir aussi, *Mémorables*, III, 9, 14. Comparer Platon, *Phèdre*, 269d.

6. *Eroticos*, 40-43.

7. Sur toute cette question, voir R. Foerster, *Scriptores physiognomonici graeci et latini*, Leipzig, 1893, t. 1, p. I-XX.

8. Voir les références réunies par R. Foerster, *loc. cit.*, p. XVI.

9. Voir R. Fœrster, *loc. cit.*, p. XVIII.

10. Voir *id.*, *ibid.*, p. XVII.

11. Voir *Eroticos*, 13.

12. En particulier l'Ἐρωτικός, dialogue de jeunesse, dont il reste quelques fragments; voir Rose[3] 96 (= Athénée 564b) :

ainsi lorsqu'il se flatte de découvrir le caractère du jeune homme aux traits de son visage et surtout à son regard.

Quant à l'idée de comparer la beauté des corps aux œuvres de la statuaire, et d'opposer le mutisme des unes à la vie des autres, Platon l'avait développée avec bonheur en plus d'un endroit [1]; toutefois, le passage où notre auteur la reproduit [2] n'a pas l'air de remonter jusqu'à lui; on dirait d'un exemple ajouté de surcroît à l'éloge du jeune homme et emprunté à un catalogue tout fait : aussi bien voyons-nous Isocrate [3], à l'occasion, et surtout Xénophon [4], traiter déjà ce sujet comme un thème d'école.

Ainsi le platonisme de l'*Éroticos* n'est qu'un vague idéalisme [5] mêlé aux idées du public moyen des environs de 340. On n'y voit rien poindre des doctrines qui contre-

Καὶ ὁ 'Αριστοτέλης δὲ ἔφη τοὺς ἐραστὰς εἰς οὐδὲν ἄλλο τοῦ σώματος τῶν ἐρομένων ἀποβλέπειν ἢ τοὺς ὀφθαλμοὺς ἐν οἷς τὴν αἰδῶ κατοικεῖν. Ce dialogue pouvait très bien être connu de notre auteur : « on s'est aperçu, en effet, que plusieurs textes considérés naguère comme des preuves irréfutables d'une utilisation de l'Aristote ésotérique... perdu proviennent en réalité des dialogues platonisants du philosophe, lesquels étaient, personne ne l'a nié, bien connus du public cultivé d'alors » (P. Moraux, *Les listes anciennes...* p. 312). Nul doute que, sur le point qui nous occupe, nombre d'idées contenues dans les ouvrages ésotériques conservés pouvaient figurer dans les dialogues perdus : ainsi, pour le caractère des gens déduit de leur démarche, comparer *Erot.*, 12 avec *Ethique à Nicomaque,* IV, 7, 1123b 6 et IV, 14 1128a 10 (voir d'ailleurs déjà Xénophon, *Mémorables*, III, 10, 5).

1. Consulter sur ce point P.-M. Schuhl, *Platon et l'art de son temps*², Paris, Presses Universitaires de France, 1952, p. 94-96. (*Statues animées et images parlantes*). Voir principalement dans le *Phèdre*, que connaissait bien l'auteur de l'*Eroticos*, la p. 275d.

2. Voir *Eroticos*, 16.

3. Voir *Evagoras*, 73. Alcidamas d'ailleurs (*Sur les Sophistes*, 27), reprochait aux discours écrits d'Isocrate d'être comme des statues immobiles.

4. Voir *Mémorables*, III, 10, 5 et surtout I, 4, 4, dont les termes rappellent *Eroticos*, 16.

5. Le § 11 est un reflet bien pâle de la théorie des Idées.

balanceront bientôt l'enseignement de l'Académie : ni l'aristotélisme proprement dit, ni l'épicurisme, ni le stoïcisme [1] ne sont ici exploités, tentative qui n'eût certes pas choqué les goûts éclectiques de notre auteur. Son travail est d'ailleurs ingénieux : le heurt des doctrines et les querelles personnelles se fondent dans un exposé conciliant où l'on oublie l'opposition tenace d'Isocrate et de Platon, dont les noms sont produits côte à côte pour illustrer les bienfaits de la philosophie (46). L'éloge de la bonté, **φιλανθρωπία** (13, 18), des bonnes manières [2], des sports aristocratiques [3], tout trahit le désir d'ériger « l'honnêteté », **καλοκἀγαθία** (31), en vertu suprême.

Le souci de tout concilier aboutit à un résultat imprévu, c'est que l'*Éroticos* ressemble parfois à une œuvre légèrement équivoque. A bien voir les choses, l'auteur y a combiné « l'immoralisme » de Lysias et l'idéalisme de Socrate, tels qu'ils apparaissent dans le *Phèdre* et dans le *Banquet.* Comme dans le discours de Lysias, le séducteur se défend d'aimer; du moins garde-t-il la tête froide; il est insensible à la jalousie et s'accommode de rivaux [4]; en revanche, comme un bon disciple de Diotime, il est épris... non point des corps mais des beaux caractères [5]. Le désir sensuel se mue chez lui en un besoin d'édifier [6]. Le piquant, c'est qu'il est des moments où il faut choisir entre l'une ou l'autre façon d'aimer. Or, c'est justement ce que refuse notre homme : d'où d'un bout à l'autre une ambiguïté, surtout dans les termes [7], trop consciente pour être naïve, mais trop habile pour être choquante [8]. Qu'on relise, entre

1. Voir *Eroticos*, 37, n. 2.
2. Voir *ibid.*, 6, 12, 17, 19-22, 57.
3. Voir *ibid.*, 23-34.
4. Voir *ibid.*, 2, 4, 5, 17-20, 31, 51, 57.
5. Voir *ibid.*, 1, 32, 51.
6. Voir *ibid.*, 7, 55.
7. Voir par ex. l'emploi qui est fait d'ἀγαπᾶν (6); de χρεῖαι « relations » (5); de πράγματα (5), mot déjà employé dans ce sens par Platon (*Phèdre*, 232e).
8. Voir au § 5 (n. 8) la façon dont l'auteur prend le contre-pied de Platon.

autres, le morceau où le jeune homme est loué pour son art de se faufiler vertueusement parmi tous ses soupirants, dont il encourage les uns et dont il rebute les autres (18-20). Il est difficile de croire que l'auteur n'ait pas ici joué volontairement avec la difficulté : il en résulte un humour un peu spécial [1], qu'on retrouve, égayé il est vrai d'un libertinage plus raffiné, dans les *Mémorables* de Xénophon, lorsque Socrate interroge dialectiquement la courtisane Théodote et qu'il la félicite de « posséder un troupeau d'amis » qui lui permettent de vivre [2].

Le genre littéraire de l'Eroticos.

On trouve le même caractère composite si l'on veut définir le genre littéraire de l'*Éroticos.* Il tient du dialogue, de la lettre, du discours [3]. L'influence d'Isocrate balance ici encore celle de Platon; on y saisit aussi celle des rhéteurs contemporains d'Aristote.

L'ambition d'écrire un dialogue éclate dans le préambule dont l'attaque très vive surprend favorablement : il commence par une conversation qui est déjà entamée comme il arrive souvent chez Platon; le malheur est que la suite ne soutient pas un si beau début. On pouvait espérer que les personnages prendraient du relief, et qu'une fois la lecture du discours achevée, ils le commenteraient, comme Platon dans le *Phèdre* fait juger par Socrate le discours sur l'amour de Lysias : c'est bien au *Phèdre* que songeait notre auteur [4]; son *Éroticos,* par son contenu,

1. Ce jeu d'esprit n'incline guère à chercher derrière Épicrate un personnage réel.

2. Voir *Mémorables*, III, 11, 1-5, où d'ailleurs ce jeu le cède vite au sérieux.

3. Même incertitude sur le genre littéraire auquel appartient le *Protreptique* d'Aristote (voir Aristote, *Politique*, éd. J. Aubonnet, Paris, Les Belles Lettres, t. I, p. XVIII; *Protrepticus*, éd. I. During, p. 32).

4. Voir aussi tous les souvenirs fugitifs de ce dialogue, mêlés à ceux du *Banquet*, rappelés plus loin dans les notes des §§ 1, 2, 4, 5, 11, 15, 45, 48, 54, 57 de l'*Eroticos*.

s'inspire de celui de Lysias; il est dédié à un certain Épicrate qui porte le nom de l'hôte chez qui Lysias s'est produit devant le jeune Phèdre [1]: comme ce dernier, le lecteur de l'*Éroticos* tient en mains un cahier [2], et, comme lui, il fait, avant sa déclamation, un bref parallèle entre les discours improvisés et les œuvres écrites [3]. Mais on ne peut pousser plus loin la comparaison. Notre auteur n'était pas de taille à composer un dialogue : les personnages anonymes qui présentent le discours ne vivent pas; leurs propos sont plus ennuyeux qu'une préface explicative d'Isocrate, et, une fois le discours terminé, ils ne reparaissent même pas pour prendre congé de nous. Il n'y avait donc aucun sujet de commencer par un préambule dialogué. Le plus grave est que l'auteur y fait intervenir subitement le jeune Épicrate devant qui on lit le discours qui lui est destiné : artifice d'autant plus injustifiable qu'Épicrate reste muet ! Cet inconvénient n'est pas supprimé si l'on tient à voir une lettre dans ce discours déclamé : une lettre de ce genre ne saurait être lue par un tiers [4] à son destinataire [5].

Tout au plus Épicrate pourrait-il prendre plaisir à lire lui-même cette missive à un confident. Au reste, seule la formule de congé incline à voir là une lettre; mais le lecteur de bonne foi ne s'en avise pas avant d'être parvenu à cet adieu final [6]. Ni le mot de **λόγος** qui désigne l'*Éroticos* [7],

1. Voir Platon, *Phèdre*, 227b.
2. Voir *Phèdre*, 228b.
3. Voir *Phèdre*, 228a.
4. Pour la leçon ἐβουλήθη (2, 14) qui autoriserait une pareille interprétation, voir la note *ad. loc.*
5. La lecture solitaire se faisait à haute voix dans l'antiquité et n'impliquait pas qu'il y eût des témoins. L'usage de lire un « message » à quelqu'un ne se conçoit par exemple qu'à la cour d'un prince (voir Isocrate, *Philippe*, 25-26).
6. Ainsi, malgré Crönert (*Göttingische gelehrte Anzeigen*, 1907, p. 272), on ne saurait se prévaloir de l'*Eroticos* pour soutenir que le discours *sur l'Amour* de Lysias, dont il s'inspire, était aussi une lettre : sur de dernier point, voir Platon, *Phèdre*, éd. L. Robin, Paris, Les Belles Lettres, 1933, p. LX, n. 3.
7. Voir *Eroticos*, 1, 2, 6, 8, 27, 35.

ni le public qui y est pris à témoin [1], ne doivent nous faire oublier que nous lisons là un discours « épidictique » [2], rédigé d'avance et destiné à être lu à haute voix pour briller devant une compagnie. Que ce discours commence à la manière d'un dialogue et se termine en lettre ne prouve pas autre chose que l'hésitation de son auteur, qui était porté à mêler les genres comme à concilier les doctrines.

Ce discours lui-même n'appartient pas à un type ancien : il associe l'éloge et l'exhortation, autrement dit l'**εἶδος ἐγκωμιαστικὸν** et l'**εἶδος προτρεπτικόν** [3].

Le genre de l'éloge en prose, tributaire dès l'origine de l'éloge en vers, imposait ses cadres que l'on retrouve ici : distinction entre les avantages physiques et les vertus morales; au nombre de ces dernières, mention du courage [4], qui était le propre des héros de jadis et qui éclate ici dans un morceau de bravoure [5] inspiré par l'*Électre* de Sophocle [6]. Le jeune homme, d'ailleurs, par ses qualités sportives et son éducation aristocratique, est l'émule des grands de Pindare. Une rhétorique toute formelle, dont Isocrate donnait le modèle, et dont après lui Anaximène de Lamp-

1. Voir *Eroticos*, 2 (allusion à la publicité de ce discours), 15 (allusion aux auditeurs), 34 (où l'auteur se défend de faire une ἐπίδειξις), 53 (fin).

2. Voir l'emploi qui est fait du verbe δεικνύναι (1) : ce verbe (sous sa forme composée ἐπιδεικνύναι surtout) finit par signifier « lire » (cf. M. Lavency, *Aspects de la logographie judiciaire attique*, p. 129, n. 1); voir aussi l'allusion aux lecteurs (10).

3. Ce sont les termes d'école : voir par ex. Anaximène de Lampsaque, *Rhétorique*, 1, 1, 6-10, p. 5 (éd. M. Fuhrmann, Leipzig, Teubner, 1966).

4. Comparer la division de l'*Eroticos* (8) avec celle d'Anaximène, *Rhét.*, 35, 3-4 (Fuhrmann, p. 75).

5. Voir *Eroticos*, 28-29.

6. Comparer avec le récit du Pédagogue, 680-764. Le mot de ναυάγιον (v. 730) qui a son pendant dans le ναυαγεῖν de l'*Eroticos* (29), montre bien que l'imitation est volontaire. Isocrate avait donné le modèle des descriptions en prose dans le *Panégyrique*, où il décrit la bataille de Salamine (93-95). On notera chez Isocrate (*Pan.*, 86, 88, 93) comme chez notre auteur (28) l'utilisation des génitifs absolus pour amorcer une narration.

saque avait codifié les procédés, permet à l'auteur de nourrir d'exemples son exposé et de le faire progresser [1]. Pour ce qui regarde l'éloge même d'Épicrate, notre auteur semble appliquer tout spécialement les préceptes d'Anaximène relatifs à la première jeunesse [2]: la distinction des qualités naturelles et des vertus acquises [3], le courage des jeunes gens [4], les efforts physiques qui soutiennent leur zèle philosophique [5], le souhait que l'avenir ne démentira pas le présent [6], tout, jusqu'à des rencontres d'expression [7], se retrouve dans l'*Éroticos*.

Le genre protreptique, dont on se plaît à voir le premier spécimen dans l'*Euthydème* de Platon [8], n'est pas cultivé isolément avant le *Protreptique* d'Aristote : de là est venue l'idée que l'*Éroticos*, par une innovation propre à son auteur [9], associe à un éloge une exhortation dont Aristote lui aurait donné le modèle; même vocabulaire, mêmes maximes et, parfois, même « philosophie ». C'est faire trop d'honneur à notre auteur que de lui prêter l'intention de marcher sur les traces d'Aristote : de même que sa philosophie est un reflet d'Isocrate plus que d'Aristote,

1. Utilisation des comparaisons avec les autres personnes (*Erot.*, 14, 18, 24, 30) des hyperboles, etc. (cf. Anaximène, *Rhét.*, 35, 13-14, p. 78 F.).
2. Il s'agit des παῖδες et des νεανίσκοι (*Anax.*, *Rhét.*, 35, 11-16, p. 77-79 Fuhrmann).
3. Anax., *Rhét.*, 35, 11 (voir *Eroticos*, 42).
4. Anax., *Rhét.*, 35, 15, 3 (p. 79 F.).
5. Anax., *Rhét.*, 35, 14, 10-11 (p. 78 F) : comparer *Eroticos*, 23, 36.
6. Anax., *Rhét.*, 35, 14, 8-9 (p. 78 F.) : comparer *Eroticos*, 22.
7. Comparer en particulier ἐν ταύτῃ τῇ ἡλικίᾳ (Anax., *Rhét.*, 35, 12, 21, p. 77 F.) et μετὰ ταύτης τῆς ἡλικίας (*Erot.*, 22); μεγάλην ἐπίδοσιν (Anax., *Rhét.*, 35, 14, 8, p. 78 F) et πολλὴν ἐπίδοσιν (*Erot.*, 22).
8. Voir P. Wendland, *Anaximenes von Lampsakos*, Berlin, 1905, p. 76, n. 1 et J. Moreau, *Aristote*... Paris, 1962, p. 21, n. 1. Tous deux renvoient à Platon, *Euthyd.*, 278e-293a. La question est étudiée de façon plus large (mais très décevante pour Démosthène) par K. Gaiser, *Protreptik und Paränese bei Platon*, Stuttgart, 1959.
9. Voir P. Wendland, *op. cit.*, p. 75.

de même son exhortation rappelle le *Philippe* ou l'*Évagoras* bien plus que le *Protreptique*; des séries d'exemples historiques [1] illustrent les idées de l'auteur comme dans le *Philippe* [2] et l'on trouve chez lui, comme dans l'*Évagoras* [3], un mariage de l'éloge et de l'exhortation [4] ainsi qu'un vocabulaire moral traditionnel [5]; mieux même, des thèmes [6], des formules de transition [7], des expressions toutes faites [8] dont l'analogie est d'autant plus frappante qu'elles ne se rattachent pas naturellement au genre de l'exhortation : plus qu'une rencontre, il y a là une copie manifeste de l'*Évagoras* [9]. La seule différence importante

1. Voir *Eroticos*, 45-46 et 49-50.

2. Voir *Philippe*, 58-67; voir aussi dans l'*Échange* les éloges de Timothée (101-140) et de Solon (231-235), dont on trouve des pendants dans l'*Eroticos*, avec même une rencontre d'expression (Solon est mis au nombre des *Sept Sophistes*, au sens ancien et élogieux du mot, dans l'*Eroticos*, 50 et dans l'*Échange*, 235).

3. A vrai dire Crönert (*Göttingische gelehrte Anzeigen*, 1907, p. 272) avait raison de prétendre que déjà dans le discours de Lysias, du *Phèdre*, se trouvait enveloppée une exhortation, en particulier p. 223b (ἐὰν δ' ἐμοὶ πείθῃ...) : mais il faut reconnaître que ce n'est là qu'une ébauche.

4. L'*Evagoras* débute par un éloge (5), dont la division (22) rappelle celle de l'*Eroticos*; il finit par une exhortation (77).

5. En fait, ce vocabulaire est assez réduit; il se retrouve dans d'autres œuvres d'Isocrate et dans le *Protreptique* d'Aristote : à lui seul il ne suffit pas à marquer une filiation. On relève παραινεῖν (*Erot.*, 51) : παρακαλεῖν (*Erot.*, 54, *Ev.*, 77) : προτρέπειν (*Er.*, 47, 51; *Ev.*, 77); παράκλησις (*Er.*, 47).

6. Par exemple celui des œuvres d'art (*Er.*, 16, *Ev.*, 73-75); des dons naturels (φύσις, *Er.*, 51, *Ev.*, 49) : de la volonté qui corrige le hasard (*Er.*, 43; *Ev.*, 41 avec ici et là le verbe αὐτοσχεδιάζειν).

7. Voir *Erot.*, 56 et la note. Toute la fin de l'*Eroticos* est calquée sur celle de l'*Evagoras*.

8. Par ex., ἀποτόμως « d'une manière absolue » ne se rencontre guère en dehors d'*Erot.*, 4, d'Isocr., *Ev.*, 10 et *Archid.*, 50 où il entre dans une expression très voisine de celle de l'*Eroticos*.

9. Il est d'autres rapprochements avec Isocrate qu'on trouvera dans les notes (par ex., § 3, § 9).

à noter, c'est qu'Isocrate exhorte un prince et notre auteur un simple particulier, fort jeune, et connu seulement des membres de sa société : or, là encore, nous retrouvons le nom d'Anaximène de Lampsaque qui, dans sa *Rhétorique* [1] mentionne (ainsi d'ailleurs qu'Aristote dans la sienne [2]) l'exhortation concernant des affaires privées.

Juxtaposer ainsi deux genres différents, c'était risquer d'associer deux œuvres disparates, l'une, encline à l'hyperbole et aux ornements, l'autre, à la concision et aux sentences. Heureusement, notre auteur a donné à l'*Eroticos* une unité de ton, d'une part, en semant dans son éloge, selon le vœu d'Anaximène [3], des formules brèves, soit maximes générales [4], soit conclusions rythmées [5], et, de l'autre, en rompant la monotonie de l'exhortation par des périodes [6] intercalées entre les préceptes. Il en résulte un ton oratoire qui se soutient d'un bout à l'autre [7].

Dans la querelle qui oppose vivement Isocrate [8] et Alcidamas [9] sur la préférence à accorder aux discours improvisés ou aux discours écrits, notre auteur se range

1. 1, 2, 13-14, p. 5 (F.).

2. *Rhét.*, 1, 3 (1358b 9). Ces deux derniers rapprochements sont faits par Wendland, *Anaximenes...*, p. 76.

3. Voir sa *Rhétorique*, 35, 15, 14-18 (p. 78 F.); 35, 16, 6-7 (p. 78 F.).

4. Par ex., 7, 11, 31, 33.

5. 13, 18, 21 (fin), 29 (fin) 32, (fin).

6. Par ex., 45-47; 49-50. Il y a même des préceptes groupés en périodes, (*Erot.*, 37-38).

7. On trouvera dans les notes la mention des principaux artifices de rhétorique utilisés. Notons ici que l'auteur, à la manière d'Isocrate, rappelle méthodiquement son plan de loin en loin (2, 6, 8, 16, 22, 34, 47, 51). Malgré la petite entorse qu'il a donnée à son plan initial (voir ci-dessus p. 69, n. 1) l'auteur suit une ligne droite et montre qu'il a dû être sensible au reproche que Platon faisait à l'*Eroticos* de Lysias, d'être dépourvu de toute méthode (*Phèdre*, 264 a-b). Voir *Eroticos*, 1, n. 2.

8. Voir par ex., Isocr., *Pan.*, 11; *Philippe*, 25.

9. Voir Alcidamas, *Sur les Sophistes*, 4, 10 (consulter sur ce point M. Lavency, *Aspects de la logographie judiciaire attique*, p. 126, n. 1 et 2).

parmi les tenants des discours écrits [1] : c'était le choix d'Isocrate, mais aussi celui d'Anaximène [2] et d'Aristote [3], du moins pour l'éloquence d'apparat. Aussi l'*Éroticos* s'orne-t-il au passage de quelques mots [4] ou tournures [5] poétiques, d'assonances à la manière de Gorgias [6] et évite-t-il l'hiatus [7], sans d'ailleurs manifester sur ce point les goûts exclusifs d'Isocrate [8]. La langue, qui est de bon aloi, est tout juste atteinte par les premiers symptômes de la **κοινή** [9], et n'admet que peu de mots dans une acception nouvelle [10].

La date et l'auteur. Pour dater cette œuvre dont l'auteur ne cherche pas à s'engager dans les querelles du jour, nous ne disposons que d'indices, mais qui tous conspirent au

1. Voir *Erot.*, 1, 2.
2. Voir sa *Rhétorique*, 36, 37 (p. 88 F.).
3. *Rhétorique*, III, 12 (1414a 17) : ἡ μὲν οὖν ἐπιδεικτικὴ λέξις γραφικωτάτη.
4. Citons ὄμμα (13) ; ἄθλημα (23) relevé par Pollux III, 144, t. 1, p. 199 (Bethe) ; ἀγώνισμα, (24) (sur les mots en -μα, voir P. Chantraine, *La formation des noms en grec ancien*, Paris, 1933, p. 186, § 143) ; en outre, κήρ (12) ; εὐκτός (22) ; ναυαγεῖν au sens figuré (29).
5. On relèvera surtout l'emploi intransitif de διαφέρω (46) rapproché par Wendland (*Anaximenes*, p. 79 n. 1) d'Euripide, *Rhésos*, 982.
6. Voir *Erot.*, 18, ἐνδόξως καὶ φιλανθρώπως ; 21, ἀναμαρτήτως... δεινὸς οὐ κακοήθως καὶ φιλάνθρωπος ἐλευθερίως. Rien de naïvement symétrique dans ces jeux de sonorités.
7. Voir par ex., 37 et 38 l'emploi de ὅτι et de διότι.
8. Voir par ex., 1, καὶ ὅπερ ; 2, καὶ ὁμοίως, καὶ αὐτός ; 6, καὶ ἐμαυτόν ; 10, καὶ ὅλον, καὶ ἰδεῖν qui sont dans la tradition isocratique ; en revanche, quelques hiatus au début du § 2, au § 14 (tous exemples allégués par F. Blass, *Die attische Beredsamkeit*², III, 1, p. 408, n. 2 et 3).
9. Voir quelques mots composés ou surcomposés cités par Wendland, *Anaximenes*, p. 79, n. 1 : ἀνυπονόητος (11) qu'on retrouve dans Polybe ; ὑπεναντίωσις (14), dans Aristote ; διευτυχεῖν (28), dans Ménandre...
10. Voir πραγματεία (37) au sens de *difficulté* (cf. Épicure, *Epist.*, I, 77, p. 28 Usener) ; σύνταγμα au sens de *composition littéraire* (1).

même résultat. La façon dont Timothée et Archytas sont introduits dans l'*Éroticos* [1] autorise à croire qu'ils sont morts : d'ailleurs Timothée est mentionné à l'imitation du discours *sur l'Échange* où Isocrate nous déclare « qu'il n'est plus » [2] : or, le discours *sur l'Échange* est de 354/353 [3].

La culture de l'auteur consiste surtout à avoir bien assimilé l'œuvre de Xénophon et celle d'Isocrate et à les avoir accommodées au goût d'Anaximène de Lampsaque, dont la maturité se situe au temps d'Alexandre [4]. Le ton détaché dont il parle d'Isocrate et de Platon laisse supposer que les querelles qui les ont divisés sont maintenant oubliées. Enfin, la philosophie la plus récente dont on puisse trouver mention chez lui est celle du jeune Aristote des dialogues.

Il semble bien que l'auteur soit un Athénien [5] et, si l'on ne peut rien conclure de précis sur les grands malheurs [6] dont il déplore que sa cité ait été frappée, son œuvre respire un certain optimisme politique [7] et paraît avoir été

1. Les exemples de Timothée et d'Archytas sont mentionnés comme « plus récents » que ceux de Périclès et d'Alcibiade.

2. *Sur l'Échange*, 101.

3. Voir Isocrate, éd. Mathieu, Paris, Les Belles Lettres, 1942, t. 3, p. 88, n. 4. Pour Archytas on ne sait quand il est mort. L'anecdote rapportée par Cicéron (*De Senectute*, 41) et qui le donne comme vivant en 349 est peu sûre (voir E. Païs, *Mélanges Glotz*, p. 695).

4. Le *terminus post quem* de sa *Rhétorique* est la mention de la guerre de Corinthe avec les Carthaginois en 341 (8, 8 p. 35 F.). L'œuvre a été beaucoup remaniée pour être ajustée à la *Rhétorique* d'Aristote (voir M. Lavency, *Aspects de la logographie judiciaire attique*, p. 84, n. 3). Toutefois sa forme première doit remonter à 340 (voir *Rhétorique*, éd. M. Fuhrmann, Leipzig, 1966, p. XL, et, du même, *Das Systematische Lehrbuch*, Göttingen, 1960, p. 11, n. 1).

5. Sa cité est l'une « des plus puissantes » (25) ; les citoyens sont appelés à participer au pouvoir (55); le sport de la voltige (23) est essentiellement athénien (voir note *ad loc.*).

6. *Erot.*, 54. La guerre sociale et l'affaire d'Olynthe sont assez graves pour qu'on ne soit pas réduit à alléguer Chéronée (338) ni la guerre lamiaque (323/322) comme « grands malheurs ».

7. Voir le § 55.

écrite sous un régime démocratique. Toutes ces raisons, jointes aux arguments tirés de la langue, autorisent à placer cette œuvre entre 340 et, sinon 338, du moins 323, date de la chute d'Athènes.

Quel en est l'auteur? Démosthène, s'il faut en croire les manuscrits, Mais rien, jusqu'ici, ne nous a conduit à proposer cette attribution. Son talent en effet ne s'accommode guère d'un pur jeu d'esprit ni d'une rhétorique minutieusement respectée. Aussi n'est-il pas étonnant de voir les soupçons naître dès l'antiquité sur la paternité de cette œuvre. Comme on s'en doute, ils ont commencé avec Denys d'Halicarnasse qui, dans un passage du **Περὶ τῆς Δημοσθένους λέξεως** [1], où d'ailleurs il la nomme maladroitement, n'y voit qu'un discours prolixe et digne d'un sophiste. Après lui, Libanius [2], Pollux [3], Photius [4], qui ont subi son influence de façon plus ou moins avouée, ont exprimé le même jugement, fondé sur le style de l'œuvre, plus que sur les idées. Chez les modernes, presque tous les éditeurs et critiques, depuis la Renaissance [5], partagent cet avis : H. Schaefer [6], A. Schaefer [7], L. Spengel [8], F. Blass [9],

1. P. 228, éd. Usener-Radermacher : ... τὸ τοῦ σοφιστικοῦ λήρου μεστὸν ἐγκώμιον εἰς Παυσανίαν (*sic*). Visiblement Denys n'a pas relu l'*Eroticos* et dans sa mémoire il associe le dédicataire avec un des convives du *Banquet* de Platon.

2. Περὶ τῶν μερῶν τῆς ῥητορικῆς, t. VIII, p. 607, (R. Foerster).

3. Voir Pollux, *Onomasticon*, III, 143-144, t. I, p. 199 (Bethe).

4. *Bibliothèque*, cod. 265.

5. Voir un résumé commode des arguments des plus anciens d'entre eux dans A. Westermann, *Quaestionum demosthenicarum, part.* II, 1831, p. 74 et suiv., repris par Dindorf dans son édition de Démosthène, (Oxford, 1849, t. VII, p. 1413).

6. Voir *Apparatus criticus ad Demosthenem...*, éd. H. Schaefer, Londres, 1827, t. VII, p. 630-631.

7. Voir *Demosthenes und seine Zeit*, 1858, t. IV, p. 128 et 322.

8. Voir *Der demosthenische* Ἐρωτικός, *ein Werk der isokratischer Schule*, dans *Philologus* XVII (1861), p. 621-626.

9. Voir *Die attische Beredsamkeit*², III, 1, 183, p. 406-408; voir en outre l'*editio major* de Démosthène par Dindorf-Blass, Teubner, 1889, t. III, *apparat critique*, p. LXVI.

W. Rennie[1] pour citer les plus récents; les quelques voix discordantes, comme celles de J. et W. de Witt[2], sont très faibles et très prudentes : au fond il n'y a pas là matière à un débat passionné comme pour l'*Oraison funèbre.*

En dépit de cette unanimité, la question est moins simple qu'il n'y paraît. Qu'on attribue l'*Éroticos* à Démosthène ou qu'on le lui refuse, on se trouve devant une grande difficulté. Si on le lui attribue, il faut expliquer les intentions de Démosthène. Si on le lui refuse, il faut expliquer comment cet opuscule a pu être glissé sous son nom dans ses œuvres complètes[3]. Et c'est au fond cette dernière difficulté qui est la plus gênante. On peut en effet comprendre comment des discours privés, inauthentiques, ont été introduits dans l'œuvre de Démosthène : l'identité des sujets, une certaine parenté de manière rendaient possible cette manœuvre, qui au reste n'a pas été forcément frauduleuse[4]. On peut justifier aussi la présence de la *Lettre de Philippe* (avec sa réponse) dans les *Harangues* : les œuvres d'Anaximène de Lampsaque sont souvent considérées comme la source de ces deux pièces; que ce soit à tort ou à raison, peu importe ici : l'explication donnée tient[5]. Ici au contraire il faut prendre garde qu'en rayant le nom de Démosthène et en le remplaçant par le trop commode rhéteur anonyme[6], on ne fait que compliquer le problème : il faut encore expliquer comment un

1. Voir *Demosthenis orationes*, t. 3, Oxford, 1931.

2. Voir leur édition de Démosthène, collection Loeb, Londres, 1949, t. VII, p. 40-41.

3. Et ce, dès l'époque alexandrine : voir l'*Introduction*, p. 1, n. 1.

4. Voir E. Bethe, *Demosthenis scriptorum corpus ubi et qua aetate collectum editumque sit*, 1897, p. 10; et L. Gernet, *Démosthène, Plaidoyers civils*, Paris, Les Belles Lettres, 1954, t. I, p. 12.

5. Voir P. Foucart, *Étude sur Didymos*, 1907, p. 67-71.

6. Rien n'autorise à proposer le nom d'Anaximène de Lampsaque, très vétilleux en matière de style et plus isocratique qu'Isocrate. Au reste, nous apprend son éditeur M. Fuhrmann, Anaximène n'use pas du mot πραγματεία (*op. laud.*, p. XLI, n. 2). Or, ce mot se trouve dans l'Ἐρωτικός (37 et 41).

faussaire a pu faire accepter cette œuvre, dont le sujet et le style détonnent parmi toutes celles de Démosthène, et ce sans avoir pris la précaution de la grimer ni de l'ajuster à la manière de l'orateur. C'est sans doute le sentiment de cette difficulté qui a inspiré aux critiques l'idée facile de passer outre et d'admettre comme une vérité évidente l'inauthenticité de l'*Éroticos*. Et pourtant, tardive ou non, la supercherie est inacceptable.

Reste l'hypothèse que Démosthène est bien l'auteur de l'*Éroticos*. Suffit-il pour ôter cette œuvre à Démosthène, qu'elle soit indigne de lui? Doit-on faire fi de l'indication quasi unanime des manuscrits? Disons tout de suite qu'en hasardant de la revendiquer pour Démosthène, nous n'entendons pas la relever de l'oubli où elle est tombée, ni lui trouver des qualités secrètes. C'est plutôt son caractère formel, son air de pastiche, sur quoi nous insisterions; dès lors qu'elle se donne comme un exercice habile, il est vain de la comparer gravement aux autres œuvres de Démosthène; s'il en est l'auteur, visiblement il n'a pas cherché à faire autre chose qu'une œuvre où se fondent les idées générales de son temps exprimées selon les règles des maîtres de l'heure. A ce prix, on peut dire que ni la langue [1], ni le style [2] de l'*Éroticos* ne sont indignes d'un

1. On trouve au § 1 πείθομαι ὡς, construction rare, en tout cas unique chez Démosthène, qui présente en revanche 10 ex. de πείθομαι + inf. (voir le tableau de A. Oguse dans son article *A propos de la syntaxe de* πείθω *et de* πιστεύω, *R.E.G.*, 1965, p. 536). Toutefois, il s'agit d'une complétive annoncée par une relative et la subordonnée introduite par ὡς développe l'antécédent τοῦτο. On trouvera aux p. 522-523 du même article des exemples de Platon et Démosthène tout à fait analogues, avec d'autres temps du verbe πείθω.

2. En particulier pour ce qui touche à la question si controversée de la succession des brèves, Vogel, dans son article *Die Kürzenvermeidung in der griechischen Prosa des IV. Jahrhunderts*, (*Hermes*, 1923, p. 87-108), relève une moyenne de 21, 71 pour l'*Eroticos* (contre 6, 64 pour l'*Epitaphios* et 3, 85 pour la *Couronne*). C'est que Démosthène n'écrivait pas dans son style. C'est cette contrainte aussi qui peut expliquer des répétitions de mots (7, 8, 33, 43), qui d'ailleurs ne doivent pas trop étonner chez lui. On ne sera peut-être pas

Démosthène qui se surveillerait et ne conserverait que son talent sans s'abandonner à son génie. Après tout, nous savons que Démosthène fut assez longtemps un professeur d'éloquence : tout passionné qu'il est, le témoignage d'Eschine sur ce point ne saurait être récusé [1]. Est-on sûr que Démosthène enseignait toujours à ses disciples les secrets de sa propre éloquence? Ne pouvait-il aussi, à l'occasion, faire des modèles corrigés conformes aux canons reçus [2]? Pourquoi n'aurait-il pas un jour rédigé notre *Éroticos* comme **παίγνιον** en prose [3]? Tant pis si l'image austère qu'on se fait de Démosthène doit en souffrir : en fait cela ne doit pas entamer sa réputation. Que si l'amitié équivoque dont l'auteur fait gloire dans ce discours choque chez Démosthène, peut-être ne faut-il pas oublier que nous sommes en Grèce, ni la possibilité de jouer en ce temps-là avec un pareil sujet, que plusieurs hommes graves ont traité sans voir ruiner leur crédit [4]. Mais passons. Mieux vaut en effet relever dans l'*Éroticos* un goût déclaré pour la politique : même dépourvue de tout contenu, cette profession de foi n'aurait rien d'éton-

indifférent au nombre considérable d'ὑπάρχειν (mot favori de Démosthène) dans l'*Eroticos* : voir 6, 7, 9, 12, 30, 42, 50, 51 (bis.)

1. Voir Eschine, *Contre Timarque*, 117 et 171-172. C'est à tort, selon nous, qu'A. Schaefer, *Demosthenes*²..., II, p. 103, n. 1, repousse ces deux attestations publiques. Il faut donner ici raison à G. Mathieu, *Démosthène*, Paris, 1948, p. 17.

2. Il faut toujours en revenir à cette phrase de L. Spengel, dans son article cité, *Der demosthenische* Ἐρωτικός, *Philologus* XVII (1861), p. 122 : « Les Anciens en savaient beaucoup plus long que nous, Modernes, sur la différence de style et de composition des discours ».

3. Les difficultés soulevées par l'éloge d'Isocrate et de Timothée (46) ne sont pas insurmontables. Voir les notes *ad locum.*

4. Les ἐρωτικοί sont en effet fort attestés au IVe siècle : « nous savons qu'il en existait d'Aristote, de Théophraste (Diogène Laërce, V, 43), de Démétrius (D. L., V, 81) et D'Héraclide Pontique (D.L., V, 37) », rappelle P. Moraux, *Liste...*, p. 262. Voir aussi F. Lasserre, Ἐρωτικοὶ λόγοι (*Mus. Helv.*, I, 1944, p. 169-178).

nant de la part de Démosthène, non plus qu'un certain mépris pour la philosophie absconse [1]. Il a très bien pu écrire ce discours dès l'apparition de la *Rhétorique* d'Anaximène (340) sans qu'on puisse préciser davantage [2].

Si donc on veut bien retenir ce discours parmi les œuvres de Démosthène, on souscrira au jugement du *Traité du Sublime* [3], où il est dit que l'orateur était peu fait pour l'éloquence d'apparat, et l'on citera son *Éroticos* comme une curiosité capable d'intéresser les historiens de la pédagogie.

1. Voir *Eroticos*, 48.

2. C'est une pure hypothèse et, au reste, l'apparition de la *Rhétorique* d'Anaximène ne saurait être fixée rigoureusement. Rien en tout cas n'oblige à croire qu'Isocrate, mentionné dans l'*Eroticos*, était mort et que cet essai est postérieur à 338. Le nom d'Isocrate figure aussi à la fin du *Phèdre* (279b) dans un passage énigmatique, que l'auteur de l'*Eroticos* n'a visiblement pas interprété dans un sens ironique.

3. Voir *Traité du Sublime*, 34, 3.

II

LA TRADITION MANUSCRITE

Le texte de l'*Éroticos* nous a été transmis par trente-cinq manuscrits. Comme pour l'*Épitaphios*, ils remontent à un archétype, dont l'existence est prouvée par des fautes communes [1]. Ils se groupent ici encore en deux familles, dont on ne retiendra que SYDrWv pour l'une et FQ pour l'autre. Des lectures d'onciale, confirmées par l'analyse du détail des leçons, permettent de les délimiter. Par exemple des confusions de A et de Δ (5, 6 χρεῖαι δι' ἔρωτος FQ χρεῖαι ἔρωτος cett.) de C et de Є (19,8 εὐαρμοστίᾳ FQ : συναρμοστίᾳ cett.).

La seconde famille. Là encore F et Q reproduisent un commun modèle et ne descendent pas l'un de l'autre : Q ne comporte pas certaines bévues de F ; d'autre part, à côté de nombreux cas où il adopte dans le texte les leçons interponctuées de F et de ceux où il donne les mêmes variantes marginales, il fournit des leçons et variantes isolées inconnues de F et souvent excellentes [2].

Ce modèle commun comportait déjà les variantes interponctuées conservées par F et remonte à un exemplaire soigné de l'antiquité. Rien d'étonnant que, malgré ses défaillances, son texte soit bien supérieur à celui de l'autre famille et qu'au moins treize fois il fournisse la

1. Voir 3 (δέ) ; 4 (ἔθος) ; 14 (ἱστᾶσα) ; 42 (καλήν) ; 36 (ἑκατέρων) ; 46 (καί) ; 47 (ἀποβέβληκεν).
2. Voir 31 (ζηλοῦσθαι).

seule leçon possible [1]. Les leçons de F (ou son modèle) étaient sous les yeux des scribes de S et D, comme on le verra [2].

La première famille. Il ne faut rien de moins que les manuscrits SYDrWv pour reconstituer le texte de cette famille [3]. Sans doute s'oppose-t-elle souvent en bloc à la seconde pour des leçons décisives, soit fautes d'onciale, soit bévues légères, et d'autant plus révélatrices [4]. Mais cette unanimité est souvent contrariée par diverses causes qui ont modifié le texte commun, en isolant les groupes DrW ou rW qui souvent ont, seuls, conservé la leçon initiale de la famille.

Et d'abord, les retouches. Les scribes de S, D et Y ajustent très souvent leur texte sur celui de la deuxième famille. Ils ont procédé selon des méthodes très différentes.

S. — Celui de S a manifestement eu sous les yeux le modèle de F où il a puisé parfois sans esprit critique, au prix d'accommodements maladroits [5]. Des repentirs habiles, mais visibles, montrent bien qu'une part au moins de ces adaptations sont imputables à lui et non pas au scribe de son modèle [6]. Il en va autrement de certaines lectures erronées d'onciale que S partage avec F et Q [7] : elles ne proviennent pas du prototype de F et Q : elles prouvent simplement que les deux scribes qui ont trans-

1. Voir 3 (μετεσχηκότων; πρὸς); 4 (ἀποτόμως); 5 (διὰ); 10 (μέλη) 12 (εὕροιμεν; σου); 13 (τὸ τὰ); 15 (σοι); 18 (ἤδε τῶν τε); 21 (σοι); 22 (σου); 34 (μήτ' ἀντὶ).

2. Voir aussi plus haut, p. 1, ce qu'on peut inférer de l'ordre *Epitaphios*, *Eroticos* pour montrer l'originalité de la seconde famille.

3. Voir plus haut p. 42.

4. Ex. : 12 του; 13 τά.

5. Ex. : 8 οὕτω FQ : οὔθ' οὕτως YDrW ουτουτως (sic) S; 18 ἤδη τῶν τε FQ : ἢ διὰ τῶν YDrW ἤδη τῶν S.

6. Ex. : 9 ἁρμόσει S^{ac} YDrWF ἁρμόττει QF^{sl} ἁρμόσσει S^{pc}

7. Ex. : 3 ΛЄΚΤΙΚΟΙϹ S^{pc} YDrW : ΔЄΚΤΙΚΟΙϹ S^{ac} FQ; 48 ΟϹϹЄΤΙ YDrW : ΟϹЄΤΙ SFQ : le prototype de S comportait ces fautes d'onciale; le copiste de S a corrigé la première.

littéré les deux prototypes de S et de FQ se sont rencontrés par hasard pour certaines lectures. S dépend donc dans sa famille d'une translittération spéciale qui après coup a été influencée par le modèle de F. Il en résulte un texte composite, souvent peu lisible, déparé par des fautes qui lui sont propres [1]. Son isolement le met à part, mais ne le situe pas hors de pair.

D. — Le scribe de ce manuscrit a retravaillé son texte de base, soit en prélevant avec esprit critique des **γρ.** de la seconde famille qu'il met en marge ou incorpore dans son texte [2], soit en trouvant lui-même des leçons qui s'imposent [3]. Son texte non plus n'a pas laissé de descendant. Il est fort « lisible », mais refait.

Y. — On y saisit deux séries de « réfection » du texte de base de la première famille : la plus ancienne vient de la main du premier copiste qui, partant d'un texte commun à DrW ou à rW, l'a remplacé par celui de F ; la plus récente vient d'un copiste du XIIIe s. (Y^2) qui a gratté et effacé le texte primitif, que le manuscrit C (copié sur Y^1) nous prouve avoir été celui de la première famille [4].

La deuxième raison qui obscurcit la parenté des manuscrits de cette famille, c'est leur âge plus ou moins récent qui les a exposés à des contaminations inextricables et d'ailleurs sans intérêt pour l'établissement du texte. Toutefois r et W, dont on sait qu'ils descendent d'un même manuscrit (probablement A du temps qu'il était complet [5]) conservent des leçons fort utiles, moins dénaturées que celles de beaucoup d'autres manuscrits. Si parfois r a corrigé le texte primitif [6], W l'a mieux conservé

1. Voir l'apparat à 12 (ευρομ) ; 14 (μέν) ; 15 (τουτω) ; 24 (ὁμοιωμενον) ; 57 (δοκεῖς).
2. Ex. : 51 (διῆλθον).
3. Ex. : 36 (μὲν οὖν) ; 37 (τῶν) ; 46 (ὑπερακρατῶς : correction d'accent qu'avait faite Blass).
4. Ex. : 13 τὸ τὰ FQ : τὰ SDrvW Y^{ac} τὸ Y^{pc} τὰ add. Y^2 : dans cet exemple on saisit l'intervention successive des deux scribes de Y.
5. Voir plus haut p. 44.
6. Ex. : 28 τῆς... ὁρμῆς, bonne leçon donnée par r^{pc} seul.

et peut servir de témoin pour reconstituer le texte primitif, soit de r soit de toute la famille [1]. Tous ces manuscrits, malgré leurs disparates, dépendent d'un même ancêtre. S en représente une copie; à une seconde se rattachent plus ou moins directement YDrW : D et Y l'ont amendée indépendamment l'un de l'autre; r et W en sont deux descendants tardifs, reflets sans doute fidèles d'un manuscrit du xe siècle (A). En général le texte de ces manuscrits est un hybride de la première et de la seconde famille et laisse subsister nombre de fautes qu'on peut corriger par :

v. — C'est un manuscrit de la première famille, à laquelle il est uni par des affinités indiscutables, en particulier des lectures d'onciale [2]. Mais il s'en distingue aussi par une parenté indiscutable avec la deuxième famille [3]. Plutôt que de leçons fondamentales, il s'agit de petits mots conservés, et qui, quoique indispensables, tombent facilement avec le temps. On doit moins parler ici d'une influence exercée par la seconde famille que d'une affinité qui nous reporte à un moment de l'antiquité où le texte des deux familles n'était pas aussi divergent qu'il l'est devenu plus tard. Le manuscrit v descend donc d'une branche de la première famille détachée du tronc dès l'antiquité : aussi bien donne-t-il souvent tout seul des leçons correctes [4] ou probables, ou permettant de voir comment les fautes des autres manuscrits ont pu naître [5].

1. Ex. : 22 σοῦ FQ ($S^2Y^2D^2r^2v^2$) : οὗ W.

2. Ex. : 2 ΛЄΚΤΙΚΟΙϹ; 48 ΟϹϹЄΤΙ; 52 ΠΡΟϹЄ-ΧΟΝΤΑ...

3. Ex. : 12 (δέ vFQ); 26 (δ' vFQ).

4. Ex. : 2, δέ, contre le δὲ καὶ impossible de *tous* les autres manuscrits; 42 (ταῖς) transcrit avec une abréviation dont n'use jamais le copiste par ailleurs (a-t-il reproduit un modèle, ou a-t-il corrigé au dernier moment son premier jet en utilisant une abréviation qui lui épargnait un grattage?) ; 45 ἀκούσῃ.

5. Voir 28 ὡς ἑκατέρως; 30 τοῦτον τρόπον; et surtout la leçon de 35, ὑπομένουσι δίκας, excellente, qui éclaire le ὑπομένουσι de la plupart des manuscrits de la première famille — leçon incompréhensible et souvent altérée.

C'est le type du « recentior non deterior » cher à Pasquali.

Pour terminer, on citera les lectures d'onciale d'un passage propre à éclairer le classement des manuscrits des deux familles. On lit en 34 :

ΜΗΤΑΝΤΙ FQ ΜΗΤΕΤΙ SY ΜΗΤΕ DrW ΜΗΤΕΠΙ v

L'archétype portait ΜΗΤΑΝΤΙ, que donnent F et Q, seule leçon possible. En revanche, le plus proche commun ancêtre de la première famille était mal écrit. ΜΗΤΕΠΙ est la leçon de v seul; ΜΗΤΕΤΙ celle de l'autre branche; elle a été transcrite telle quelle par S et Y (indépendamment l'un de l'autre); ΜΗΤΕ est le fait de scribes qui ont coupé la partie malade plutôt que d'y porter remède.

Je me suis tenu le plus près possible du texte de F et Q; leurs insuffisances sont presque toujours compensées par les autres manuscrits, en particulier v, et au total le texte est assez bien établi et ne comporte pas de passage « désespéré

SIGLA

S Parisinus gr. 2934, c. 890.

Y Parisinus gr. 2935, c. 940.

C Ambrosianus C 235 inf., s. XIII ex., qui tantum adhibetur cum Y erasus legi non potest, e.g., *Erot.*, 29 (Y?) C.

D Ambrosianus D 112 sup., c. 980.

r Parisinus gr. 2936, s. XIV in.

W Vindobonensis phil. gr. 105, c. 1300.

v Parisinus Coisl. 339, s. XV.

F Marcianus gr. 416 (coll. 536), c. 940.

Q Marcianus gr. 418 (coll. 312), c. 980.

Nota. — In apparatu critico, e.g. *Erot.*, 12, **σχήματος** F.**σώ.**[**ματος** F^{sl}, significat litteras **σω** inter duo puncta scriptas esse ab ipso librario supra **σχή**.

Numero 2 (Y^2...) variae correctiones, quae ab recentioribus librariis adhibitae sunt, confuse designatae sunt.

Litteris ^{ec} correctiones quae lectiones priores omnino occultant designantur; litterae vero ^{pc} litteris ^{ac} opponuntur.

Cett. ad solos codices supra memoratos pertinet.

DISCOURS SUR L'AMOUR

1 Eh bien! puisque tu veux écouter ce discours, je vais te le montrer [1] et te le lire: mais il faut d'abord que tu en connaisses le sujet [2]. L'auteur de ce discours veut louer Épicrate, dont il a cru que parmi tant de jeunes gens accomplis [3] que compte notre ville il était le plus aimable, et l'emportait sur ses camarades par son jugement [4] plus que par sa beauté. Mais voyant, on peut le dire, que la majorité des ouvrages consacrés à l'amour apportent plus de honte que de considération à leurs destinataires [5], il a pris soin de ne pas encourir ce reproche, et il a reproduit dans son écrit une idée dont il se déclare intimement convaincu, c'est qu'un soupirant loyal ne saurait ni faire ni exiger rien de déshonnête. **2** Voilà donc ce qu'on pourrait relever, disons de plus érotique dans ce discours. Le reste est consacré, partie à louer la personne même du jeune homme, partie à lui donner des conseils qui intéressent son éducation et sa carrière. Le tout est écrit du même style qu'on prendrait pour le consigner dans un cahier [6]: s'il importe que le style des discours destinés à être prononcés [7] soit simple et rappelle les improvisations, il convient que ceux qui seront transcrits pour durer davantage soient formés d'expressions poétiques et relevées: la persuasion est le propre des premiers; l'apparat, celui des seconds. Cela dit, pour m'épargner de te parler en suivant le fil de ce

1. Sur le mot δεικνύναι qui veut dire plus que notre *montrer* et finit par signifier *lire* dans une séance publique, voir la *Notice* p. 79, n. 2. L'auteur dès le début insiste sur le caractère d'apparat de sa lecture: voir plus bas ἐπιδεικτικός (§ 2).

2. Pour les notes absentes au bas des pages, voir p. 115 ss.

ΕΡΩΤΙΚΟΣ

(LXI)

1 Ἀλλ' ἐπειδήπερ ἀκούειν βούλει τοῦ λόγου, δείξω σοι καὶ ἀναγνώσομαι. Δεῖ δέ σε τὴν προαίρεσιν αὐτοῦ πρῶτον εἰδέναι. Βούλεται μὲν γὰρ ὁ τὸν λόγον ποιῶν ἐπαινεῖν Ἐπικράτην, ὃν ᾤετο πολλῶν καὶ καλῶν κἀγαθῶν ὄντων νέων ἐν τῇ πόλει χαριέστατον εἶναι, καὶ πλέον τῇ συνέσει προέχειν ἢ τῷ κάλλει τῶν ἡλικιωτῶν. Ὁρῶν δ' ὡς ἔπος εἰπεῖν τὰ πλεῖστα τῶν ἐρωτικῶν συνταγμάτων αἰσχύνην μᾶλλον ἢ τιμὴν περιάπτοντα τούτοις περὶ ὧν ἐστι γεγραμμένα, τοῦθ' ὅπως μὴ πείσεται πεφύλακται, καὶ ὅπερ καὶ πεπεῖσθαί φησιν τῇ γνώμῃ, τοῦτο καὶ γέγραφεν, ὡς δίκαιος ἐραστὴς οὔτ' ἂν ποιήσειεν οὐδὲν αἰσχρὸν οὔτ' ἀξιώσειεν. **2** Ὃ μὲν οὖν ὡσπερεὶ μάλιστ' ἂν ἐρωτικὸν λάβοις τοῦ λόγου, περὶ τοῦτ' ἔστιν· ὁ δ' ἄλλος λόγος τὰ μὲν αὐτὸν ἐπαινεῖ τὸν νεανίσκον, τὰ δ' αὐτῷ συμβουλεύει περὶ παιδείας τε καὶ προαιρέσεως τοῦ βίου. Πάντα δὲ ταῦτα γέγραπται τὸν τρόπον ὅν τις ἂν εἰς βιβλίον καταθεῖτο· τοῖς μὲν γὰρ λεκτικοῖς τῶν λόγων ἁπλῶς καὶ ὁμοίως οἷς ἂν ἐκ τοῦ παραχρῆμά τις εἴποι πρέπει γεγράφθαι, τοῖς δ' εἰς τὸν πλείω χρόνον τεθησομένοις ποιητικῶς καὶ περιττῶς ἁρμόττει συγκεῖσθαι· τοὺς μὲν γὰρ πιθανούς, τοὺς δ' ἐπιδεικτικοὺς εἶναι προσήκει.

Inscriptio Ἐρωτικός codd.

1 4 ἐπαινεῖν Ἐπικράτην SYvFQ : Ἐπικράτην ἐπ-DrW ‖ καὶ καλῶν FQ : om. cett. ‖ 6 προέχειν Dr WvY^{2} προσέχειν SYFQ ‖ **2** 2 οὖν om. r ‖ 7 λεκτικοῖς YDrWvS^{pc} : δεκ- FQ S^{ac} ‖ 11 ἐπιδεικτικούς YDrWv FQ .ἐπι.[δεικτικούς F^{sl} : ἀπο- SF. ‖ τοῦ βίου post προσήκει habent DrWvY (exp. Y^{2}).

discours [1] et de te détailler moi-même mon opinion sur ces matières, prête ton attention en te disant que tu vas immédiatement entendre le texte même du discours : aussi bien, voici en personne l'auditeur que je [2] souhaitais, Épicrate.

3 Voyant [3] que des jeunes gens aimés et doués de beauté ne faisaient pas un bon usage de cette double chance, mais, quoique fiers de leur physique [4] élégant, s'élevaient contre la fréquentation des soupirants, et, bien loin de discerner les sentiments les plus vertueux, s'autorisaient des gens qui souillent ces relations [5] pour étendre leur esprit chagrin sur ceux qui ne consentent à les approcher qu'en observant la tempérance, j'ai pensé que non seulement avec ces idées ils desservaient leur propre cause, mais encore qu'ils inspiraient à autrui des habitudes fâcheuses, **4** et qu'au lieu de suivre leur sottise, les esprits sensés devaient se dire d'abord et surtout que, les relations n'étant pas vertueuses ou déshonnêtes d'une manière absolue [6], mais différant du tout au tout selon les intéressés, il était déraisonnable de ne suivre qu'une seule maxime dans les deux cas ; ensuite qu'il était on ne peut plus anormal d'admirer ceux qui ont des amis très nombreux et très fidèles, et de réprouver les soupirants, classe [7] qui, seule, se distingue par le goût de se familiariser non pas avec tout le monde, mais avec ceux qui sont à la fois beaux et tempérants. **5** Si l'on n'a pas encore vu semblable amitié se dénouer honnêtement [8], ou si l'on a lieu de se reprocher vivement à soi-même de ne pouvoir observer la tempérance dans les fréquentations de rencontre,

1. Effectivement, ce qui est dit dans le préambule sur la pureté des intentions de l'auteur (1) et sur le plan adopté (2) se retrouve dès le début du discours lui-même, respectivement dans les §§ 5 et 7. Il faut avouer que cette insistance de l'auteur ne plaide guère en sa faveur. Il a peut-être appliqué à la lettre le conseil de Platon dans le *Phèdre* (264 a-b), de bien préciser son plan dès le début. En outre, les différentes étapes sont rappelées dans tout le cours de l'exposé (8, 10, 17, 22, 34). Le plan annoncé reçoit d'ailleurs une petite entorse (v. p. 102, nº 3).

— Sur l'union de l'éloge et de l'exhortation, voir la *Notice*, p. 79.

Ἵν' οὖν μὴ παρὰ τὸν λόγον σοι λέγω, μηδ' ἃ γιγνώσκω | περὶ τούτων αὐτὸς διεξίω, πρόσεχ' ὡς αὐτοῦ τοῦ λόγου ἤδη ἀκουσόμενος, ἐπειδὴ καὶ αὐτὸς ἥκει, ὃν ἠβουλήθην ἀκούειν, Ἐπικράτης.

3 Ὁρῶν ἐνίους τῶν ἐρωμένων καὶ κάλλους μετεσχηκότων οὐδετέρᾳ [δὲ] τῶν εὐτυχιῶν τούτων ὀρθῶς χρωμένους, ἀλλ' ἐπὶ μὲν τῇ τῆς ὄψεως εὐπρεπείᾳ σεμνυνομένους, τὴν δὲ πρὸς τοὺς ἐραστὰς ὁμιλίαν δυσχεραίνοντας, καὶ τοσοῦτον διημαρτηκότας τοῦ τὰ βέλτιστα κρίνειν ὥστε διὰ τοὺς λυμαινομένους τῷ πράγματι καὶ πρὸς τοὺς μετὰ σωφροσύνης πλησιάζειν ἀξιοῦντας δυσκόλως διακειμένους, ἡγησάμην τοὺς μὲν τοιούτους οὐ μόνον αὑτοῖς ἀλυσιτελῶς ἔχειν, ἀλλὰ καὶ τοῖς ἄλλοις μοχθηρὰς συνηθείας ἐνεργάζεσθαι, 4 τοῖς δὲ καλῶς φρονοῦσιν οὐκ ἐπακολουθητέον εἶναι τῇ τούτων ἀπονοίᾳ, μάλιστα μὲν |ἐνθυμουμένοις ὅτι τῶν πραγμάτων οὔτε καλῶν οὔτ' αἰσχρῶν ἀποτόμως ὄντων, ἀλλὰ παρὰ τοὺς |χρωμένους τὸ πλεῖστον διαλλαττόντων, ἄλογον μιᾷ γνώμῃ περὶ ἀμφοτέρων χρῆσθαι, ἔπειθ' ὅτι πάντων ἀτοπώτατόν ἐστιν ζηλοῦν μὲν τοὺς πλείστους φίλους καὶ βεβαιοτάτους ἔχοντας, ἀποδοκιμάζειν δὲ τοὺς ἐραστάς, ὃ μόνον ἴδιον ἔθνος οὐχ ἅπασιν, ἀλλὰ τοῖς καλοῖς καὶ σώφροσιν οἰκειοῦσθαι πέφυκεν. 5 Ἔτι δὲ τοῖς μὲν μηδεμίαν πω τοιαύτην φιλίαν ἑορακόσιν καλῶς ἀποβᾶσαν, ἢ σφόδρα κατεγνωκόσιν αὑτῶν ὡς οὐκ ἂν δυνηθεῖεν σωφρόνως τοῖς ἐντυγχά-

2 12 ἃ γιγνώσκω YDrWv : ἀπογιγν- SFQ ἅπερ γιγν- Feliciano ‖ 14 καὶ v : δὲ καὶ cett. ‖ ἠβουλήθην : ἠβουλήθη Q ‖ 3 1-2 μετεσχηκότων Q-]. ων. F[sl] : μετεσχηκότας SYDrWvF ‖ 2 οὐδετέρᾳ : οὐδετέρους r ‖ δὲ del. Schaefer ‖ 8 πρὸς F : om. cett. ‖ 9 αὑτοῖς Y : αὐτοῖς DrWv αὐτὸς SFQ ‖ 4 7 ἀπονοίᾳ SvFQY[pc] : ἀπηνείᾳ DrW ‖ ἐνθυμουμένοις FQY[2] : -μένους SYDrvW ‖ 4 ἀποτόμως FQY[2] : -τόμων SYDrWv ‖ 9 ἔθνος Reiske : ἔθος codd.

il n'est peut-être pas déraisonnable d'avoir cette opinion-là; mais quand on partage tes sentiments et qu'on n'est pas complètement ignorant du nombre de liaisons qui se sont développées sans déshonneur grâce à l'amour, quand [1] on a vécu dans le passé en s'entourant des précautions les plus minutieuses, l'idée même qu'on pourrait commettre une action honteuse n'est pas raisonnable.

6 Je n'en ai été que plus incité à écrire ce discours, me disant que je ne manquerais pas d'obtenir les deux plus beaux résultats qui soient : en effet, d'une part, en énumérant tes qualités personnelles, j'espère montrer que ton sort est enviable et que je ne suis pas insensé de vouloir aimer quelqu'un de ton mérite; de l'autre, en te proposant les conseils les plus urgents, je crois que je donnerai une preuve de mes bonnes intentions et un essor à notre commune amitié.

7 Certes, il ne m'échappe pas qu'il est malaisé [2], rien que pour décrire tes dons, d'être à la hauteur de tes qualités, et qu'il est encore plus périlleux, si l'on veut donner des conseils, d'engager sa responsabilité devant son disciple [3] : mais je crois que c'est le propre des êtres qui sont loués avec juste raison, de l'emporter sur le talent de leurs panégyristes par la prééminence de la vérité, et que, d'autre part, mes conseils ne manqueront pas leur but; je sais tout le premier que, s'il ne tenait qu'aux gens insensés et complètement dissolus, aucun conseil, si judicieux fût-il, ne saurait produire de bons fruits, mais que, s'il ne tient qu'aux gens dont la conduite est réglée et pure, les avis, même mesurés, ne peuvent manquer d'être efficaces. **8** Telles sont les espérances qui me font entreprendre ce discours.

Je pense que tout le monde m'accordera que le plus urgent à ton âge [4], c'est de conserver toujours, pour ce qui touche au physique, la beauté; au moral, la tempé-

1. Le balancement μήτε... καὶ est assez rare : on cite Eur., *I.T.* 591-592.
2. Même transition dans Isocrate, *Evagoras*, 8.
3. Même tournure dans le discours *sur la Couronne*, 189.
4. Sur ce plan, voir la *Notice*, p. 79.

νουσιν ὁμιλεῖν, ἴσως οὐκ ἄλογον ταύτην ἔχειν τὴν διάνοιαν· τοῖς δ' ὥσπερ σὺ διακειμένοις, καὶ μήτε παντάπασιν ἀνηκόοις οὖσιν ὅσαι δὴ χρεῖαι δι' ἔρωτος χωρὶς αἰσχύνης ηὐξήθησαν, καὶ μετὰ τῆς ἀκριβεστά|της εὐλαβείας τὸν ἄλλον χρόνον βεβιωκόσιν, οὐδ' ὑποψίαν ἔχειν εὔλογον ὡς ἄν τι πράξειαν αἰσχρόν.

6 Διὸ δὴ καὶ μᾶλλον ἐπήρθην τοῦτον γράψαι τὸν λόγον, ἡγούμενος δυοῖν τοῖν καλλίστοιν οὐ διαμαρτήσεσθαι · τὰ μὲν γὰρ ὑπάρχοντά σοι ἀγαθὰ διελθὼν ἅμα σέ τε ζηλωτὸν καὶ ἐμαυτὸν οὐκ ἀνόητον ἐπιδείξειν ἐλπίζω, εἴ σε τοιοῦτον ὄντ' ἀγαπῶ· συμβουλεύσας δ' ἃ μάλιστα κατεπείγει, νομίζω τῆς μὲν εὐνοίας τῆς ἐμῆς δεῖγμα, τῆς δὲ κοινῆς φιλίας ἀφορμὴν ἀμφοτέροις εἰσοίσειν. **7** Καίτοι μ' οὐ λέληθεν ὅτι χαλεπὸν μέν ἐστιν καὶ τὴν σὴν φύσιν ἀξίως τῶν ὑπαρχόντων διελθεῖν, ἔτι δ' ἐπικινδυνότερον τὸ συμβουλεύειν μέλλονθ' αὑτὸν ὑπεύθυνον τῷ πεισθέντι καταστῆσαι· ἀλλὰ νομίζω τοῖς μὲν δικαίως ἐγκωμίων τυγχάνουσιν περιγενέσθαι τῆς τῶν ἐπαινούντων δυνάμεως προσήκειν τῇ τῆς ἀληθείας ὑπερβολῇ, τῆς δὲ συμβουλῆς οὐ διαμαρτήσεσθαι, συνειδὼς ὅτι διὰ μὲν ἀνοήτων καὶ παντελῶς ὑπ' ἀκρασίας διεφθαρμένων οὐδὲ τῶν καθ' ὑπερβολὴν ὀρθῶς βουλευθέντων οὐδὲν ἂν καλῶς ἐξενεχθείη, διὰ δὲ τῶν σωφρόνως καὶ καθαρῶς ζῆν αἱρουμένων οὐδὲ τὰ μετρίως ἐσκεμμένα διαμαρτάνεσθαι πέφυκεν. **8** Τὰς μὲν οὖν ἐλπίδας ἔχων τοιαύτας ἐγχειρῶ τῷ λόγῳ.

Ἡγοῦμαι δὲ πάντας ἂν ὁμολογῆσαί μοι τοῖς τηλικούτοις μάλιστα κατεπείγειν κάλλος μὲν ἐπὶ τῆς ὄψεως, σωφροσύνην δ' ἐπὶ τῆς ψυχῆς, ἀνδρείαν δ' ἐπ' ἀμφοτέρων

5 6 δι' FQY² : om. cett. ‖ 8 βεβιωκόσιν : βεβαιωκόσιν S. ‖ **6** 7-8 ἀμφοτέροις εἰσοίσειν SFQ : εἰσ. ἀμφ. cett. ‖ **7** 7 διαμαρτήσεσθαι : -σασθαι Qγρ. ‖ 10 σωφρόνως SYvFQ : -φρόνων DrW ‖ **8** 3-6 τοῖς — ἔχοντας « licenter » retractat Stobaeus, *Flor.* IV, 29, 56 (W.H.) ‖ 4 ἐπὶ : κατὰ Y².

rance; pour ce qui touche à ces deux points à la fois, le courage; et au langage, l'affabilité [1]. Sur le chapitre des avantages naturels [2], la Fortune t'a si bien favorisé que tu attires sans cesse des regards admiratifs; les autres qualités, tu les as poussées si loin tout seul, par tes progrès diligents, qu'aucun homme sensé ne saurait t'adresser de reproches. **9** Or, qu'exiger de l'homme digne des plus grands éloges [3] ? N'est-ce pas d'être manifestement chéri des dieux, et d'être auprès de ses semblables un objet d'admiration, moitié grâce à lui, moitié grâce à la Fortune? Peut-être conviendra-t-il plus tard de faire un exposé général sur la plupart des qualités qui composent ton mérite : je vais tâcher de montrer en toute vérité les éloges que je peux faire de chacune d'elles.

10 Je commencerai par louer d'abord ce que d'abord tout le monde peut connaître de toi au premier regard, la beauté, et particulièrement ta carnation à laquelle tes membres et ton corps tout entier doivent leur éclat. Ici, quelle comparaison ressemblante apporter? J'ai beau regarder, je ne vois pas. L'idée me vient de demander à mes lecteurs de te contempler et de te voir, pour être pardonné de ne pouvoir trouver de mots appropriés. **11** A quoi comparer une qualité qui, quoique mortelle, nspire à ceux qui l'ont vue un désir immortel, qui ne rassasie pas nos yeux, qui, une fois disparue, reste en notre mémoire [4], qui attire sur une créature humaine la dignité des dieux, défiant les fleurs par sa grâce [5], défiant les critiques par son prestige? Bien mieux, les griefs mêmes qu'ont eu à subir tant d'autres déjà qui avaient la beauté en partage, il n'est pas possible de les faire valoir contre ton

1. Ce plan ne sera pas fidèlement suivi : voir la *Notice*, p. 69, n. 1.

2. Cette distinction entre les avantages naturels et les qualités acquises se retrouve souvent dans les éloges et apparaît nettement formulée chez Anaximène de Lampsaque (*Rhét.*, 35, 11). Les sophistes l'avaient depuis longtemps utilisée (voir l'*Anonyme* de Jamblique, cité par Diels, *Fragmente der Vorsokratiker*⁹, II, p. 400, nº 89, 1, 2).

3. Même membre de phrase dans Isocrate, *Attelage*, 30.

τούτων, χάριν δ' ἐπὶ τῶν λόγων δια|τελεῖν ἔχοντας. Ὧν τὰ μὲν τῆς φύσεως ὄνθ' οὕτω καλῶς ἡ τύχη σοι παραδέδωκεν ὥστε περίβλεπτον καὶ θαυμαζόμενον διατελεῖν, τὰ δ' αὐτὸς παρὰ τὴν ἐπιμέλειαν εἰς τοῦτο προαγαγὼν ἥκεις ὥστε μηδέν' ἄν σοι τῶν εὖ φρονούντων ἐπιτιμῆσαι. **9** Καίτοι τί χρὴ τὸν τῶν μεγίστων ἐπαίνων ἄξιον; Οὐχ ὑπὸ μὲν τῶν θεῶν ἠγαπημένον φαίνεσθαι, παρὰ δὲ τοῖς ἀνθρώποις τὰ μὲν δι' αὑτόν, τὰ δὲ διὰ τὴν τύχην θαυμάζεσθαι; Καθ' ὅλου μὲν τοίνυν τῶν ὑπαρχόντων σοι πρὸς ἀρετὴν ἴσως ὕστερον ἁρμόσει τὰ πλείω διελθεῖν· ἃ δ' ἑκάστου τούτων ἐγκώμι' εἰπεῖν ἔχω, ταῦτα δηλῶσαι πειράσομαι μετ' ἀληθείας.

10 Ἄρξομαι δὲ πρῶτον ἐπαινεῖν, ὅπερ πρῶτον ἰδοῦσιν ἅπασιν ἔστιν γνῶναί σου, τὸ κάλλος, καὶ τούτου τὸ χρῶμα, δι' οὗ καὶ τὰ μέλη καὶ ὅλον τὸ σῶμα φαίνεται. Ὧι τίν' [ἂν] ἁρμόττουσαν εἰκόν' ἐνέγκω σκοπῶν οὐχ ὁρῶ, ἀλλὰ παρίσταταί μοι δεῖσθαι τῶν ἀναγνόντων τόνδε τὸν λόγον σὲ θεωρῆσαι καὶ ἰδεῖν, ἵνα συγγνώμης τύχω μηδὲν ὅμοιον ἔχων εἰπεῖν. **11** Τῷ γὰρ ⟨ἂν⟩ εἰκάσειέ τις, ⟨ὃ⟩ θνητὸν ὂν ἀθάνατον τοῖς ἰδοῦσιν ἐργάζεται πόθον, καὶ ὁρώμενον οὐκ ἀποπληροῖ, καὶ μεταστὰν μνημονεύεται, καὶ τὴν τῶν θεῶν ἀξίαν ἐπ' ἀνθρώπου φύσιν ἔχει, πρὸς μὲν τὴν εὐπρέπειαν ἀνθηρόν, πρὸς δὲ τὰς αἰτίας ἀνυπονόητον; Ἀλλὰ μὴν οὐδὲ ταῦτ' ἔστιν αἰτιάσασθαι πρὸς τὴν σὴν ὄψιν, ἃ πολλοῖς ἄλλοις ἤδη συνέπεσεν τῶν κάλλους μετασχόντων·

8 7 ὄνθ' οὕτω Laur. 59, 8 Vat. palat. gr. 172 Vat. gr. 68 : οὔθ' οὕτως (Y?)CrDW οὕτως vFQY² ουτουτως S ‖ 10 προαγαγὼν FQ : προάγων cett. ‖ **9** 1 τί om. F ‖ 5 ἁρμόσει YDrvWFS^ac : ἁρμόττει QF^sl ἁρμόσσει S^pc ‖ **10** 3 μέλη F : μέρη cett. (μέ] .ρη. F^sl) ‖ 4 ἂν del. Bekker ‖ 7 αὐτῷ post. εἰπεῖν add. Y² ‖ **11** 1 ἂν add. Bekker ‖ 2 ὃ add. Blass ‖ θνητὸν ὂν SFQ : θνητὸν ὢ ν θνητῶν ὃ YDrW ‖ 8 ἄλλοις om. F ‖ post ἤδη spatium in Q ‖ κάλλους SFQvY²r^ec : καλοῖς (Y?)CWD^ec.

physique : **12** ou bien c'est la mollesse de leur maintien qui a détruit entièrement leur grâce personnelle, ou bien c'est un accident qui a enveloppé dans une commune réprobation jusqu'à leurs avantages naturels : or, ton physique, nous ne saurions découvrir qu'il ait été exposé à aucune de ces disgrâces. Le dieu, quel soit-il, qui a exercé sa providence [1] sur ton physique, s'est si bien prémuni contre toutes les calamités de cette sorte que rien chez toi n'est critiquable, que presque tout, au contraire, attire les regards.

13 Il y a plus : ton visage étant le plus éclatant de tes avantages visibles, et, dans ton visage même, tes yeux, c'est là principalement que la divinité a renchéri sur la bienveillance qu'elle avait pour toi : non seulement elle les a rendus propres à voir les objets qui nous sollicitent, mais encore, au rebours de certaines gens dont on ne peut même pas reconnaître le mérite d'après leur conduite, chez toi, elle a mis en lumière les plus beaux traits de caractère grâce aux preuves tirées de ton regard [2] : elle t'a désigné à ceux qui te voient comme doux et sociable, comme majestueux et grave à ceux qui te fréquentent, comme courageux et tempérant à tout le monde. **14** Et voici qui est vraiment le plus étonnant : sur leur douceur on prend les autres pour mesquins ; sur leur gravité, pour présomptueux ; à cause de leur courage, ils passent pour être trop hardis, et à cause de leur tranquillité pour être trop stupides [3] : la Fortune ayant pris tant de qualités opposées les unes aux autres, les a toutes accordées à souhait comme si elle accomplissait un vœu, ou comme si elle avait voulu proposer un exemple à autrui, au lieu de former, à son habitude, une créature mortelle. **15** S'il était possible, par la parole [4], de parvenir à

1. Voir plus bas (14) l'intervention de la Fortune dans la vie du jeune homme : le même artifice oratoire se voit chez Isocrate, *Evagoras*, 25.

2. Ici, le mot ὄψις désigne les yeux (même emploi au singulier chez Aristote, *Hist. des animaux*, 602*a* 11...). Sur la physiognomonie utilisée dans ce passage, voir la *Notice*, p. 74.

12 ἢ γὰρ διὰ ῥᾳθυμίαν τοῦ σχήματος ἅπασαν συνετάραξαν τὴν ὑπάρχουσαν εὐπρέπειαν, ἢ δι' ἀτύχημά τι καὶ τὰ καλῶς πεφυκότα συνδιέϐαλον αὐτῷ· ὧν οὐδενὶ τὴν σὴν ὄψιν εὕροιμεν ἂν ἔνοχον γεγενημένην· οὕτω γὰρ σφόδρ' ἐφυ|λάξατο πάσας τὰς τοιαύτας κῆρας ὅστις ποτ' ἦν θεῶν ὁ τῆς σῆς ὄψεως προνοηθείς, ὥστε μηδὲν μέμψεως ἄξιον, τὰ δὲ πλεῖστα περίϐλεπτά σου καταστῆσαι.

13 Καὶ μὲν δὴ καὶ τῶν ὁρωμένων ἐπιφανεστάτου μὲν ὄντος τοῦ προσώπου, τούτου δ' αὐτοῦ τῶν ὀμμάτων, ἔτι μᾶλλον ἐν τούτοις ἐπεδείξατο τὴν εὔνοιαν ἣν εἶχεν εἰς σὲ τὸ δαιμόνιον· οὐ γὰρ μόνον πρὸς τὸ τὰ κατεπείγονθ' ὁρᾶν αὐτάρκη παρέσχηται, ἀλλ' ἐνίων οὐδ' ἐκ τῶν πραττομένων γιγνωσκομένης τῆς ἀρετῆς, σοῦ διὰ τῶν τῆς ὄψεως σημείων τὰ κάλλιστα τῶν ἠθῶν ἐνεφάνισεν, πρᾶον μὲν καὶ φιλάνθρωπον τοῖς ὁρῶσιν, μεγαλοπρεπῆ δὲ καὶ σεμνὸν τοῖς ὁμιλοῦσιν, ἀνδρεῖον δὲ καὶ σώφρονα πᾶσιν ἐπιδείξας. 14 Ὃ καὶ μάλιστ' ἄν τις θαυμάσειεν· τῶν γὰρ ἄλλων ἐπὶ μὲν τῆς πραότητος ταπεινῶν, ἐπὶ δὲ τῆς σεμνότητος αὐθαδῶν ὑπολαμϐανομένων, καὶ διὰ μὲν τὴν ἀνδρείαν θρασυτέρων, διὰ δὲ τὴν ἡσυχίαν ἀϐελτέρων εἶναι δοκούντων, τοσαύτας ὑπεναντιώσεις πρὸς ἄλληλα λαϐοῦσ' ἡ τύχη πρὸς τὸ δέον ἅπανθ' ὁμολογούμεν' ἀπέδωκεν, ὥσπερ εὐχὴν ἐπιτελοῦσ' ἢ παράδειγμα τοῖς ἄλλοις ὑποδεῖξαι βουληθεῖσα, ἀλλ' οὐ θνητήν, ὡς εἴθιστο, φύσιν ⟨συν⟩ιστᾶσα. 15 Εἰ μὲν οὖν οἷόν τ' ἦν

12 1 σχήματος SYDrWvF : σώματος QY^2. σώ.[ματος F^{sl} ‖ 3 συνδιέϐαλον DrvFQY^2 : συνδιέϐαλλον SYW ‖ 4 εὕροιμεν FQ : εὕροιμ' cett. (ευρομ' S) ‖ 7 δὲ vFQ : δὲ καὶ cett. ‖ περίϐλεπτά : περιελθόντα S ‖ σου FQ : του SDrWv (Y?)C. ‖ **13** 1 ἐπιφανεστάτου : σοι φανεστατου S ‖ 4 τὸ τὰ FQ : τὰ SDrWvY^{ac} τὸ Y^{pc} (τὰ add. Y^2) ‖ **14** 1 καὶ SvFQY^{pc} : om. DrWY^{ac} ‖ 2 μὲν om. S ‖ 6 ὁμολογούμεν' : ὁμολογοῦντ' νγρ. ‖ 8 ὑποδεῖξαι SYDrWv : ἐπι- FQY^2 ‖ 9 συνιστᾶσα Wolf : ἱστᾶσα codd. ‖ **15** 1 οἷόν τ' SFQY^2 : οἷός τε YDrWv.

rendre ta beauté, ou qu'elle fût le seul de tes dons qui méritât des louanges, nous nous croirions tenus de n'omettre dans nos éloges aucun de tes avantages [1] : en fait je crains que nous ne trouvions des auditeurs découragés devant les développements qui nous restent et que nous ne nous escrimions en vain sur ce sujet. **16** Comment surpasser par la parole ta beauté physique, que même les œuvres d'art, exécutées par les meilleurs maîtres, ne peuvent éclipser [2]? Faut-il s'en étonner? Elles offrent un aspect immuable : aussi se demande-t-on au juste sous quel jour elles nous apparaîtraient si elles s'animaient : chez toi, au contraire, le caractère de tes sentiments ajoute beaucoup dans toutes tes actions à la grâce de ta personne. Voilà, avec bien des lacunes, tous les éloges que je peux faire de ta beauté.

17 En ce qui concerne ta tempérance [3], la plus belle chose que j'en puisse dire, c'est que si l'âge où te voilà prête à la calomnie, toi, tu n'en as recueilli que plus d'éloges. Non seulement tu ne commets aucune faute, mais encore tu as pris le parti de vivre avec une sagesse qui dément ta jeunesse. La meilleure preuve en est ta conduite en société [4] : beaucoup de gens t'approchent, malgré la diversité de leur caractère; en outre, ils veulent tous t'attirer dans leur intimité : tu as pris un si bel ascendant sur ces natures que tous sont satisfaits de l'amitié qu'ils te portent, **18** supériorité qui est la marque de ceux dont les principes sont fondés sur l'honneur et sur la sociabilité. Sans doute a-t-on déjà vu jouir d'un bon renom quelques-uns de ceux qui déconseillent d'accueillir la compagnie

1. Souvenir de Platon, *Phèdre*, 235b; voir aussi Isocrate, *Contre les Sophistes*, 9.

2. Sur ce développement, qui se rattache maladroitement à ce qui précède, voir la *Notice*, p. 75.

3. Ici commence un de ces passages équivoques où la tempérance est associée à la peinture de mœurs faciles qui en sont la négation : voir la *Notice*, p. 76.

4. *L'Eroticos* laisse grande place à la sociabilité qui est exprimée par φιλανθρωπία ici et §§ 13 et 21; voir la *Notice*, p. 76.

ἐφικέσθαι τῷ λόγῳ τοῦ κάλλους τοῦ σοῦ, ἢ τοῦτ' ἦν μόνον τῶν σῶν ἀξιέπαινον, οὐδὲν ἂν παραλιπεῖν ᾠόμεθα δεῖν ἐπαινοῦντες τῶν προσόντων σοι· νῦν δὲ δέδοικα μὴ πρὸς τὰ λοίπ' ἀπειρηκόσι χρησώμεθα τοῖς ἀκροαταῖς, καὶ περὶ τούτου μάτην τερθρευώμεθα.
16 Πῶς γὰρ ἄν τις ὑπερβάλοι τῷ λόγῳ τὴν σὴν | ὄψιν, ἧς μηδ' ἃ τέχνῃ πεποίηται τῶν ἔργων τοῖς ἀρίστοις δημιουργοῖς δύναται ὑπερτεῖναι; Καὶ θαυμαστὸν οὐδέν· τὰ μὲν γὰρ ἀκίνητον ἔχει τὴν θεωρίαν, ὥστ' ἄδηλον εἶναι τί ποτ' ἂν ψυχῆς μετασχόντα φανείη, σοῦ δὲ τὸ τῆς γνώμης ἦθος ἐν πᾶσιν οἷς ποιεῖς μεγάλην εὐπρέπειαν ἐπαυξάνει τῷ σώματι. Περὶ μὲν οὖν τοῦ κάλλους πολλὰ παραλιπών, τοσαῦτ' ἐπαινέσαι ἔχω.

17 Περὶ δὲ τῆς σωφροσύνης κάλλιστον μὲν τοῦτ' ἔχοιμ' ἂν εἰπεῖν, ὅτι τῆς ἡλικίας τῆς τοιαύτης εὐδιαβόλως ἐχούσης, σοὶ μᾶλλον ἐπαινεῖσθαι συμβέβηκεν· οὐ γὰρ μόνον οὐδὲν ἐξαμαρτάνεις, ἀλλὰ καὶ φρονιμώτερον ἢ κατὰ τὴν ὥραν ζῆν προῄρησαι. Καὶ τούτων μέγιστον τεκμήριον ἡ πρὸς τοὺς ἀνθρώπους ὁμιλία· πολλῶν γὰρ ἐντυγχανόντων σοι καὶ παντοδαπὰς φύσεις ἐχόντων, ἔτι δὲ προσαγομένων ἁπάντων ἐπὶ τὰς ἑαυτῶν συνηθείας, οὕτω καλῶς προέστης τῶν τοιούτων ὥστε πάντας τὴν πρὸς σὲ φιλίαν ἠγαπηκότας ἔχειν.
18 Ὃ σημεῖον τῶν ἐνδόξως καὶ φιλανθρώπως ζῆν προαιρουμένων ἐστίν. Καίτοι τινὲς ηὐδοκίμησαν ἤδη τῶν τε συμβουλευόντων ὡς οὐ χρὴ τὰς τῶν τυχόντων ὁμι-

15 2 τῷ λόγῳ om. r ‖ 4 σοί FQY² : om. cett. ‖ 5 χρησώμεθα YDrWv^{pc} χρησόμεθα Sv^{ac}FQ ‖ 6 τούτου FQY² : τοῦτο YDrvW τουτω S ‖ τερθρευώμεθα YDrWv : -όμεθα SFQ ‖ **16** 1 ὑπερβάλοι SYDvF^{ac} : ὑπερβάλλοι rW ὑποβάλοι F^{pc}Q ‖ 4 ἄδηλον FQ : ἄδηλα cett ‖ **17** 4 ἐξαμαρτάνεις v Vat. gr. 68 : ἐξαμαρτάνει FQ -τάνειν SYDrW ‖ 5 τούτων F : τοῦτο SYvQ τοῦτ].ο.F^{sl} τούτου DrWY² ‖ **18** 2 ἤδη τῶν τε FQY²v² : ἢ διὰ τῶν YDrWv ἤδη τῶν S ‖ συμβουλευόντων FQ : -σάντων cett.

des premiers venus et quelques-uns de leurs adeptes : fatalement, à les entendre, ou bien l'on fréquente les gens vulgaires, et l'on essuie les calomnies du public, ou bien l'on se précautionne contre de pareilles imputations, et du même coup on est exposé précisément à l'animosité de ces amis de rencontre. **19** Pour moi, je me crois tenu de redoubler d'éloges à ton endroit, pour la raison que si les autres hommes mettent au rang des choses impossibles le soin de plaire au goût de la foule, toi, tu leur es tellement supérieur que tu as eu raison de tous les esprits difficiles et acariâtres, sans donner au public le moindre soupçon de t'être parfois compromis, mais en triomphant des difficultés qui t'opposaient à lui, grâce à la souplesse de ta conduite [1].

20 Quant à tes soupirants (si vraiment il faut aussi en toucher un mot), tes relations avec eux me semblent si belles et si tempérantes que, au rebours de la plupart des gens qui sont incapables de supporter avec patience l'homme même auquel ils ont accordé la préférence, toi, tu as eu le privilège de plaire extrêmement à tous, ce qui est une preuve éclatante de ta vertu. En effet, personne n'est frustré de tes faveurs quand elles sont compatibles avec la justice et la morale ; pour celles qui aboutissent à la honte, personne ne se risque à en concevoir seulement l'espérance : si grande est la liberté que ta tempérance accorde à tous ceux qui ont les meilleures intentions ; si grand est le découragement qu'elle inspire à ceux qui veulent s'enhardir. **21** Ce n'est pas tout : la majorité des gens briguent la réputation de tempérance en gardant le silence durant leur jeunesse [2]; toi, tu l'emportes si fort par tes dons que tes propos [3], tes entretiens avec les gens qui t'approchent, n'ont pas moins contribué à la réputation de ta personne que toutes tes autres qualités : tant de persuasion, tant de grâce accompagnent tes

1. Cette période présente des répétitions de termes (τῶν ἄλλων... τοῖς ἄλλοις) qui ne sont pas toujours pris dans le même sens : τῶν ἄλλων *(les autres hommes)* désigne les soupirants ; plus loin τοῖς ἄλλοις *(les autres)* désigne le *public*. La correction τῶν πολλῶν de Wolf pour ἄλλων (voir l'apparat) a le mérite de supprimer un troisième ἄλλος qui ne s'entendait guère à cette place.

λίας προσδέχεσθαι, καὶ τῶν πεισθέντων τούτοις· ἢ γὰρ πρὸς χάριν ὁμιλοῦντα τοῖς φαύλοις ἀναγκαῖον εἶναι διαβάλλεσθαι παρὰ τοῖς πολλοῖς, ἢ διευλαβούμενον τὰς τοιαύτας ἐπιπλήξεις ὑπ' αὐτῶν τῶν ἐντυγχανόντων δυσχεραίνεσθαι συμπίπτειν. 19 Ἐγὼ δὲ διὰ τοῦτο καὶ μᾶλλον οἶμαί σε δεῖν ἐγκωμιάζειν, ὅτι τῶν ἄλλων ἕν τι τῶν ἀδυνάτων οἰομένων εἶναι τὸ τοῖς τῶν πολλῶν τρόποις ἀρέσκειν, σὺ τοσοῦτο τούτων διή|νεγκας ὥστε τῶν χαλεπῶν καὶ δυσκόλων ἁπάντων περιγεγενῆσθαι, τοῦ μὲν συνεξαμαρτάνειν τισὶν οὐδ' ὑποψίαν ἐνδοὺς τοῖς ἄλλοις, τῆς δὲ πρὸς αὐτοὺς δυσχερείας τῇ τῶν τρόπων εὐαρμοστίᾳ κρατήσας.

20 Πρὸς τοίνυν τοὺς ἐραστάς, εἰ χρὴ καὶ περὶ τούτων εἰπεῖν, οὕτω καλῶς μοι δοκεῖς καὶ σωφρόνως ὁμιλεῖν, ὥστε τῶν πλείστων οὐδ' ὃν ἂν προέλωνται μετρίως ἐνεγκεῖν δυναμένων, σοὶ πᾶσιν καθ' ὑπερβολὴν ἀρέσκειν συμβέβηκεν· ὃ τῆς σῆς ἀρετῆς σημεῖον ἐναργέστατόν ἐστιν· ὧν μὲν γὰρ δίκαιον καὶ καλόν, οὐδεὶς ἄμοιρος αὐτῶν παρὰ σοῦ καθέστηκεν· ἃ δ' εἰς αἰσχύνην ἥκει, τούτων οὐδ' εἰς ἐλπίδ' οὐδεὶς ἔρχεται· τοσαύτην τοῖς μὲν τῶν βελτίστων ὀρεγομένοις ἐξουσίαν, τοῖς δ' ἀποθρασύνεσθαι βουλομένοις ἀτολμίαν ἡ σὴ σωφροσύνη παρεσκεύακεν. 21 Ἔτι τοίνυν τῶν πλείστων ἐκ τῆς σιωπῆς, ὅταν ὦσι νέοι, τὴν τῆς σωφροσύνης δόξαν θηρωμένων, σὺ τοσοῦτον τῇ φύσει διενήνοχας, ὥστ' ἐξ ὧν λέγεις καὶ ὁμιλεῖς τοῖς ἐντυγχάνουσι μηδὲν ἐλάττω τὴν περὶ σεαυτοῦ εὐδοξίαν ἢ διὰ πάντα τὰ λοιπὰ πεποιῆσθαι· τοσαύτη πειθὼ καὶ χάρις καὶ ἐν οἷς σπουδάζεις ἐστί σοι

18 8 συμπίπτειν Feliciano : -πτει codd. ‖ **19** 3 οἰομένων εἶναι SYvFQ : εἶναι οἰομένων DrW ‖ 4 τῶν πολλῶν Wolf : ἄλλων SYDWFQ ἄλλοις vr ‖ 8 εὐαρμοστίᾳ FQ v[sl]Y[2] : συναρμοστίᾳ SYDrWv ‖ **20** 3 ὃν : ὧν FQ ‖ ἂν FQvY[2] : om. SYDrW ‖ 4 σοὶ : σοῦ S ‖ **21** 6 .σοι. F[sl] : σου cett.

propos sérieux et tes propos badins : car enfin, tu es simple sans chercher à nuire, habile sans arrière-pensée, sociable avec indépendance; somme toute, tu es comme un fils que l'Amour aurait eu avec la Vertu [1].

22 Pour ton courage (autre point à ne pas oublier, non que ta nature ne soit encore susceptible de grands progrès, ni que l'avenir ne doive fournir une plus ample matière [2] à ceux qui désirent faire ton éloge, mais les éloges les plus beaux sont ceux qui vont de pair avec ton âge où, pour les autres hommes, l'absence de défauts est une vertu souhaitable), chez toi donc, on peut décrire ton courage en mainte occasion, mais surtout à propos de ton entraînement sportif [3] dont tant de gens ont déjà été témoins.

23 Peut-être faut-il commencer par dire avec quelle belle inspiration tu as choisi la compétition qui t'est chère : s'aviser avec justesse dès le jeune âge de ce que l'on doit faire, c'est la marque tout ensemble d'une âme noble et d'un jugement éclairé : à ce double titre il serait malséant de laisser de côté l'éloge du choix que tu as fait. Comme tu savais fort bien que les esclaves et les étrangers [4] avaient part à tous les exercices athlétiques, mais que pour la voltige [5], la permission de s'y livrer était réservée aux citoyens et que l'élite seule la recherchait, dès lors tu t'es jeté sur ce jeu. **24** En outre, comme tu remarquais que l'exercice de la course ne fait pas du tout avancer en courage ni en assurance, que l'entraînement à la lutte et aux jeux de ce genre détruit le corps et l'intelligence avec [6], tu as choisi la compétition la plus vénérable, la plus belle et la mieux adaptée à ta nature, celle que le port habituel des

1. Les effets de sonorité alliés aux constructions parallèles sont nombreux dans ces lignes : on notera ἐν οἷς σπουδάζεις... ἐν οἷς παίζεις; de même δεινὸς... κακοήθως et φιλάνθρωπος ἐλευθερίως. Pour ἐλευθερίως au sens de « avec indépendance », voir Xén., *Mém.*, I, 6, 3.

2. C'est là un thème obligé de l'éloge de la jeunesse : voir Anaximène de Lampsaque. *Rhét.*, 35, 14 : καίτοι ὅστις νέος οὕτω φιλόσοφος ἐγένετο, οὗτος πρεσβύτερος γενόμενος μεγάλην ἂν ἐπίδοσιν ἔσχε.

καὶ ἐν οἷς παίζεις. Καὶ γὰρ εὐήθης ἀναμαρτήτως καὶ δεινὸς οὐ κακοήθως καὶ φιλάνθρωπος ἐλευθερίως, καὶ τὸ σύνολον τοιοῦτος εἶ, οἷος ἂν τις ἐξ' Ἀρετῆς υἱὸς Ἔρωτι γένοιτο.

22 Τὴν τοίνυν ἀνδρείαν (οὐδὲ γὰρ τοῦτ' ἄξιόν ἐστιν παραλιπεῖν, οὐχ ὡς οὐ πολλὴν ἐπίδοσιν ἐχούσης ἔτι τῆς σῆς φύσεως, καὶ τοῦ μέλλοντος χρόνου πλείους ἀφορμὰς παραδώσοντος λόγων τοῖς ἐπαινεῖν σε βουλομένοις, ἀλλ' ὡς καλ|λίστων ὄντων τῶν μετὰ ταύτης τῆς ἡλικίας ἐπαίνων, ἐν ᾗ τὸ μηδὲν ἐξαμαρτάνειν τοῖς ἄλλοις εὐκτόν ἐστι), σοῦ δ' ἐπὶ πολλῶν μὲν ἄν τις καὶ ἑτέρων τὴν ἀνδρείαν διέλθοι, μάλιστα δ' ἐπὶ τῆς ἀσκήσεως, ἧς καὶ πλεῖστοι γεγένηνται μάρτυρες.

23 Ἀνάγκη δ' ἴσως πρῶτον εἰπεῖν ταύτην τὴν ἀγωνίαν ὡς καλῶς προείλου. Τὸ γὰρ ὀρθῶς, ὅ τι πρακτέον ἐστίν, νέον ὄντα δοκιμάσαι, καὶ ψυχῆς ἀγαθῆς καὶ γνώμης φρονίμου κοινόν ἐστιν σημεῖον· δι' ὧν οὐδέτερον παραλιπεῖν ἄξιον τὸν τῆς προαιρέσεως ἔπαινον. Συνειδὼς τοίνυν τῶν μὲν ἄλλων ἀθλημάτων καὶ δούλους καὶ ξένους μετέχοντας, τοῦ δ' ἀποβαίνειν μόνοις μὲν τοῖς πολίταις ἐξουσίαν οὖσαν, ἐφιεμένους δὲ τοὺς βελτίστους, οὕτως ἐπὶ τοῦτον τὸν ἀγῶν' ὥρμησας. 24 Ἔτι δὲ κρίνων τοὺς μὲν τὰ δρομικὰ γυμναζομένους οὐδὲν πρὸς ἀνδρείαν οὐδ' εὐψυχίαν ἐπιδιδόναι, τοὺς δὲ τὴν πυγμὴν καὶ τὰ τοιαῦτ' ἀσκήσαντας πρὸς τῷ σώματι καὶ τὴν γνώμην διαφθείρεσθαι, τὸ σεμνότατον καὶ κάλλιστον τῶν ἀγωνισμάτων καὶ μάλιστα πρὸς τὴν σεαυτοῦ φύσιν ἁρμόττον ἐξελέξω, τῇ μὲν συνηθείᾳ τῶν

21 9 τὸ σύνολον : συνελόντι Fγρ. Qγρ. Y²γρ. ‖ τις FQ : om. cett. ‖ 10 Ἔρωτι Fγρ. Qγρ. r²Y² : ἐρῶντι SYDrWv FQ. ‖ **22** 4 παραδώσοντος FQDvY²r^{pc} : παραδώσοντας S(Y?)C r^{ac}W ‖ 7 σοῦ FQ S²Y²r²v² : οὗ SYrWv ‖ **23** 8 ἐφιεμένους SvFQY²r²v² : ἀφιεμένους YDrWv ‖ **24** 3 τὴν SvFQY^{pc} : om. DrWY^{ac}.

armes et le goût pour les efforts de la course assimilent aux aventures de la guerre, que la majesté et la noblesse de son équipement font comparer à la puissance des dieux,
25 qui en outre offre un spectacle très agréable, comprend des exercices aussi nombreux que variés [1], et se trouve honorée des plus hautes récompenses. Outre les prix exposés, la pratique de cette sorte d'exercices et d'entraînements ne brillera pas aux yeux de ceux qui ont un goût même modéré pour la gloire [2] comme une mince récompense. La meilleure preuve qu'on en puisse donner, c'est le poème où Homère a peint les Grecs et les Barbares qui se sont fait la guerre avec un semblable équipement [3]. D'ailleurs maintenant encore c'est une habitude dans les cités grecques, j'entends non pas les plus humbles mais les plus grandes, de suivre cet usage dans les jeux. **26** Si beau, si unanimement prisé est le choix que tu as fait.

Comme d'autre part tu pensais qu'il ne servait de rien d'avoir les désirs les plus nobles ni d'être bien doué physiquement pour tous les exercices requis, avec une âme qui ne serait pas préparée aux rivalités de l'ambition [4], dès que tu eus montré ton goût de l'effort dans les épreuves d'entraînement, tu ne t'es pas non plus démenti dans les épreuves réelles, et tu as mis en pleine évidence durant les jeux toutes les éblouissantes qualités de ta nature, et surtout la trempe de ton âme. **27** J'hésite à entamer un développement sur ce chapitre, de peur de rester court dans le récit de ce qui se passe en ces occasions; néanmoins, je ne veux pas laisser cela de côté : il serait honteux de ne pas consentir à faire le compte rendu d'exploits qui réjouissent nos yeux de spectateurs. Si je passais tous les jeux en revue, peut-être verrions-nous ce discours se prolonger indûment [5] : mais si j'en men-

1. La voltige combine la course de chars et l'acrobatie. L'auteur insiste surtout sur la course, pour laquelle il dispose d'un modèle littéraire, l'*Electre* de Sophocle (680-763), où la voltige ne figure pas.
2. Sur ce sens d'ἀρετή, voir l'*Epitaphios*, 2.

ὅπλων καὶ τῇ τῶν δρόμων φιλοπονίᾳ τοῖς ἐν τῷ πολέμῳ συμβαίνουσιν ὡμοιωμένον, τῇ δὲ μεγαλοπρεπείᾳ καὶ τῇ σεμνότητι τῆς παρασκευῆς πρὸς τὴν τῶν θεῶν δύναμιν εἰκασμένον, **25** πρὸς δὲ τούτοις ἡδίστην μὲν θέαν ἔχον, ἐκ πλείστων δὲ καὶ παντοδαπῶν συγκείμενον, μεγίστων δ' ἄθλων ἠξιωμένον· πρὸς γὰρ τοῖς τιθεμένοις τὸ γυμνασθῆναι καὶ μελετῆσαι τοιαῦτ' οὐ μικρὸν ἆθλον προφανήσεται τοῖς καὶ | μετρίως ἀρετῆς ἐφιεμένοις. Τεκμήριον δὲ μέγιστον ἄν τις ποιήσαιτο τὴν Ὁμήρου ποίησιν, ἐν ᾗ καὶ τοὺς Ἕλληνας καὶ τοὺς βαρβάρους μετὰ τοιαύτης παρασκευῆς πολεμήσαντας πεποίηκεν ἀλλήλοις. Ἔτι δὲ καὶ νῦν τῶν πόλεων τῶν Ἑλληνίδων οὐ ταῖς ταπεινοτάταις, ἀλλὰ ταῖς μεγίσταις ἐν τοῖς ἀγῶσι ⟨οὑτωσὶ⟩ χρῆσθαι σύνηθές ἐστιν. **26** Ἡ μὲν οὖν προαίρεσις οὕτω καλὴ καὶ παρὰ πᾶσιν ἀνθρώποις ἠγαπημένη.

Νομίζων δ' οὐδὲν εἶναι προὔργου τῶν σπουδαιοτάτων ἐπιθυμεῖν οὐδὲ καλῶς πρὸς ἅπανθ' ἃ δεῖ πεφυκέναι τὸ σῶμα μὴ τῆς ψυχῆς φιλοτίμως παρεσκευασμένης, τὴν μὲν φιλοπονίαν εὐθέως ἐν τοῖς γυμνασίοις ἐπιδειξάμενος οὐδ' ἐν τοῖς ἔργοις ἐψεύσω, τὴν δ' ἄλλην ἐπιφάνειαν τῆς σαυτοῦ φύσεως καὶ τὴν τῆς ψυχῆς ἀνδρείαν ἐν τοῖς ἀγῶσι μάλιστ' ἐνεδείξω. **27** Περὶ ὧν ὀκνῶ μὲν ἄρξασθαι λέγειν, μὴ λειφθῶ τῷ λόγῳ τῶν τότε γιγνομένων, ὅμως δ' οὐ παραλείψω· καὶ γὰρ αἰσχρὸν ἃ θεωροῦντας ἡμᾶς εὐφραίνει, ταῦτ' ἀπαγγεῖλαι μὴ 'θέλειν. Ἅπαντας μὲν οὖν εἰ διεξιοίην τοὺς ἀγῶνας, ἴσως ἂν ἄκαιρον μῆκος ἡμῖν ἐπιγένοιτο τῷ λόγῳ· ἑνὸς δέ, ἐν ᾧ

24 8 ὡμοιωμένον : ὁμοιωμενον S ‖ **25** 11 οὑτωσὶ nos coll. Xén., *Cyr.*, 4, 3, 23 ‖ **26** 4 δ' vFQY^2 : om. SY^{ac}DrW ‖ 5 ἅπανθ' ἃ δεῖ nos praeeunte Blass (cf. *Prooem.* K[KA] 1), : ἅπαντα ἀεὶ SYDrWv ἅπαντα FQ ‖ 7 εὐθέως hic FQ post γυμνασίοις cett. ponunt ‖ **27** 5 διεξιοίην YrW : διεξοίην SFQ διεξῄειν D διεξίοιμι v.

tionne un seul, où ta supériorité a été éclatante, ma démonstration sera la même, et l'on reconnaîtra que j'ai fait un usage plus modéré de la résistance de mon auditoire. **28** Une fois les attelages lâchés, comme les uns se précipitaient en avant, que les autres étaient retenus par les cochers [1], tu as triomphé des uns comme des autres selon les règles requises pour chacun d'eux [2], et tu as remporté la victoire en obtenant une couronne telle que, si belle que fût ta victoire, on trouvait en cette occasion plus de beauté et d'imprévu à te voir sain et sauf. Comme le char de tes adversaires se portait à ta rencontre [3], et que tout le monde croyait que la force des chevaux était irrépressible, toi, voyant que des spectateurs étaient dans les affres malgré l'absence de tout danger, bien loin d'être démoralisé ou de te laisser abattre, tu as eu raison, grâce à ton courage, de l'élan même de l'attelage, et tu as dépassé, grâce à ta vitesse, les plus favorisés même de tes rivaux. **29** Par suite, tu as si bien fait revenir les gens sur leur opinion que, au mépris de tous ceux qui répètent, en passant pour dire vrai, que dans les concours hippiques les coques brisées [4] offrent le spectacle le plus agréable, dans ton cas, au contraire, les assistants avaient tous peur qu'il ne t'arrivât semblable malheur : si grandes étaient la sympathie et l'émulation que ta personne leur avait inspirées.

30 Et c'est justice : s'il est beau de se distinguer par une seule qualité, il est bien plus beau de réunir toutes celles dont un homme sensé pourrait se piquer. En voici la preuve : nous trouverons que grâce à leur tempérance, Éaque et Rhadamante [5], que grâce à leur courage, Héraclès, Castor et Pollux [6], que grâce à leur beauté, Ganymède,

1. Proprement « étaient conduits par le cocher en second »; l'ὑφηνίοχος est un valet auquel le conducteur du char remet les rênes quand il quitte son char pour combattre (*Iliade*, VI, 18-19), Dans la voltige, il s'agit du παραβάτης qui contribue pour sa part à la victoire. L'auteur distingue ici les attelages qui s'élancent et ceux qui sont retenus par les cochers désireux de les réserver pour la fin : cf. *Electre*, 735. Le jeune Épicrate ne mène pas toujours en tête, mais les péripéties de la course ne sont pas rendues avec la précision qu'apporte le messager d'*Electre*.

πολὺ διήνεγκας, μνησθεὶς ταὐτά τε δηλώσω καὶ τῇ τῶν ἀκουόντων δυνάμει συμμετρώτερον φανήσομαι χρώμενος.
28 Τῶν γὰρ ζευγῶν ἀφεθέντων, καὶ τῶν μὲν προορμησάντων, τῶν δ' ὑφηνιοχουμένων, ἀμφοτέρων περιγενόμενος ὡς ἑκατέρων προσῆκε, τὴν νίκην ἔλαβες, τοιούτου στεφάνου τυχὼν ἐφ' ᾧ, καίπερ καλοῦ τοῦ νικᾶν ὄντος, κάλλιον ἐδόκει καὶ παραλογώτερον εἶναι τὸ σωθῆναι· φερομένου γὰρ ἐναν|τίου μέν σοι τοῦ τῶν ἀντιπάλων ἅρματος, ἁπάντων δ' ἀνυπόστατον οἰομένων εἶναι τὴν τῶν ἵππων δύναμιν, ὁρῶν αὐτῶν ἐνίους καὶ μηδενὸς δεινοῦ παρόντος ὑπερηγωνιακότας, οὐχ ὅπως ἐξεπλάγης ἢ κατεδειλίασας, ἀλλὰ τῇ μὲν ἀνδρείᾳ καὶ τῆς τοῦ ζεύγους ὁρμῆς κρείττων ἐγένου, τῷ δὲ τάχει καὶ τοὺς διηυτυχηκότας τῶν ἀνταγωνιστῶν παρῆλθες.
29 Καὶ γάρ τοι τοσοῦτον μετήλλαξας τῶν ἀνθρώπων τὰς διανοίας ὥστε πολλῶν θρυλούντων ὡς ἐν τοῖς ἱππικοῖς ἀγῶσιν ἡδίστην θέαν παρέχεται τὰ ναυαγοῦντα, καὶ δοκούντων ἀληθῆ ταῦτα λέγειν, ἐπὶ σοῦ τοὐναντίον τοὺς θεατὰς φοβεῖσθαι πάντας μή τι συμπέσῃ τοιοῦτον περὶ σέ· τοιαύτην εὔνοιαν καὶ φιλοτιμίαν ἡ σὴ φύσις αὐτοῖς παρέσχεν.

30 Εἰκότως· καλὸν μὲν γὰρ καὶ τὸ καθ' ἕν τι περίβλεπτον γενέσθαι, πολὺ δὲ κάλλιον τὸ πάντα περιλαβεῖν ἐφ' οἷς ἄν τις νοῦν ἔχων φιλοτιμηθείη. Δῆλον δ' ἐκεῖθεν· εὑρήσομεν γὰρ Αἰακὸν μὲν καὶ Ῥαδάμανθυν διὰ σωφροσύνην, Ἡρακλέα δὲ καὶ Κάστορα καὶ Πολυ-

27 7 ταὐτά τε SYW^{pc} : ταῦτά τε DrW^{ac}v ταῦτα FQ ‖ 8 συμμετρώτερον S : — ιώτερον YDrWvF -τρότερον Q ‖ **28 1** ἀφεθέντων S^{pc}Y^{2} : ἀφαιρεθέντων cett. ‖ 3 ὡς ἑκατέρων YDrW : ἑκατέρων ὡς FQS (ὡς S^{sl}) ὡς ἑκατέρως v^{pc} (-ρῳ v^{ac}) ‖ 8 αὐτῶν SDvFQY^{pc} : om. rWY^{ac} ‖ **11** τῆς... ὁρμῆς r^{pc} : τῇ... ὁρμῇ cett. ‖ **29** 3 παρέχεται : παρέχει Qγρ. ‖ 5 τοιοῦτον SFQ Y^{2}r^{2} : τοιαύτην Y(?)CDr(?)Wv (error ex anticipatione natus) ‖ 6 τοιαύτην om. D ‖ φιλοτιμίαν FQY^{2} : φιλονεικίαν cett. ‖ 7 παρέσχεν : παρεῖχεν D.

Adonis [1] et d'autres émules [2] ont été chéris des dieux. Aussi n'admiré-je pas personnellement ceux qui désirent ton amitié, mais ceux qui n'ont pas cette inclination : en effet, si certains êtres, qui pourtant n'avaient en partage qu'une seule des qualités susdites [3], ont été jugés dignes du commerce des dieux, à plus forte raison est-il souhaitable, pour qui est né homme, de devenir l'ami de celui qui se trouve détenteur de toutes ces qualités ensemble.
31 Sans doute ton père, ta mère et tes autres parents sont-ils enviables [4] de ce que tu l'emportes tellement par ton mérite sur tes camarades, mais bien plus enviables sont ceux que toi, qui as été jugé digne de si grandes faveurs, tu choisis parmi tous comme dignes par excellence de ton amitié personnelle : les premiers, c'est la Fortune qui leur fait partager ta vie ; pour les seconds, c'est aussi leur distinction qui les a rapprochés de toi [5].
32 Faut-il les qualifier de soupirants ou de gens entre tous judicieux ? Je ne sais. En effet, il me semble que dès l'origine la Fortune, par mépris pour les gens vulgaires et par désir de stimuler les gens honnêtes, t'a doué d'une belle nature, non pour nous faire goûter le plaisir et ses artifices, mais pour nous guider vers la vertu [6] et ses délices [7].
33 Je pourrais encore continuer longtemps sur ton compte, mais je juge bon d'arrêter là ton éloge, de peur de sembler parler de toi en dépassant les limites de l'humaine nature : la puissance de la parole est apparemment si inférieure à celle de la vue [8] que personne ne songe à mettre en doute les qualités qui sont à portée de nos yeux, mais ne tient pour vrais les éloges qu'elles inspirent, même s'ils sont insuffisants.

34 Je m'arrête donc sur ce chapitre et je vais maintenant essayer de te donner des conseils propres à mettre

1. Ganymède, fils de Tros et de Callirhoé, enlevé par Zeus pour sa beauté (*Iliade*, IV, 266) ; Adonis, fils de Cinyras et de Smyrna : aimé d'Aphrodite qui obtint pour lui de Perséphone qu'après sa mort il passât six mois chaque année chez les vivants (*Schol. Théocr.*, 3, 48 ; Apollodore, *Bibl.*, 3, 14, 4). Il fut aussi chéri d'Apollon. Consulter W. Atallah, *Adonis*, Paris, 1966, p. 57-62 et p. 264-267 pour les variantes de la légende.

δεύκην δι' ἀνδρείαν, Γανυμήδην δὲ καὶ Ἄδωνιν καὶ ἄλλους τοιούτους διὰ κάλλος ὑπὸ θεῶν ἀγαπηθέντας· ὥστ' ἔγωγ' οὐ θαυμάζω τῶν ἐπιθυμούντων τῆς σῆς φιλίας, ἀλλὰ τῶν μὴ τὸν τρόπον τοῦτον διακειμένων· ὅπου γὰρ ἑνὸς ἑκάστου τῶν προειρημένων μετασχόντες τινὲς τῆς τῶν θεῶν ὁμιλίας ἠξιώθησαν, ἦ που τοῦ γ' ἁπάντων κυρίου καταστάντος εὐκτὸν θνητῷ φύντι φίλον γενέσθαι. 31 Δίκαιον μὲν οὖν καὶ πατέρα καὶ μητέρα καὶ τοὺς ἄλλους οἰκείους τοὺς σοὺς ζηλοῦσθαι, τοσοῦτον ὑπερέχοντος | σοῦ τῶν ἡλικιωτῶν ἀρετῇ, πολὺ δὲ μᾶλλον οὓς σὺ ὁ τῶν τηλικούτων ἀγαθῶν ἠξιωμένος σαυτοῦ προκρίνας ἀξίους εἶναι φίλους ἐξ ἁπάντων αἱρεῖ· τοὺς μὲν γὰρ ἡ τύχη σοι μετόχους κατέστησεν, τοὺς δ' ἡ σφετέρα καλοκἀγαθία προσσυνέστησεν. 32 Οὓς οὐκ οἶδα πότετον ἐραστὰς ἢ μόνους ὀρθῶς γιγνώσκοντας προσαγορεῦσαι χρή. Δοκεῖ γάρ μοι καὶ κατ' ἀρχὰς ἡ Τύχη, τῶν μὲν φαύλων καταφρονοῦσα, τὰς δὲ τῶν σπουδαίων ἀνδρῶν διανοίας ἐρεθίσαι βουληθεῖσα, τὴν σὴν φύσιν οὐ πρὸς ἡδονὴν ἐξαπατηθῆναι καλὴν ποιῆσαι, ἀλλὰ πρὸς ἀρετὴν ἐνευδαιμονῆσαι χρήσιμον. 33 Πολλὰ δ' ἔχων ἔτι περὶ σοῦ διελθεῖν, αὐτοῦ καταλύσειν μοι δοκῶ τὸν ἔπαινον, δεδιὼς μὴ καθ' ὑπερβολὴν τῆς ἀνθρωπίνης φύσεως ὑπὲρ σοῦ διαλέγεσθαι δόξω· τοσοῦτον γὰρ ὡς ἔοικεν ἡ τῶν λόγων δύναμις ἔλαττον ἔχει τῆς ὄψεως, ὥστε τοῖς μὲν ὁρατοῖς οὐδεὶς ἀπιστεῖν ἀξιοῖ, τοὺς δὲ τούτων ἐπαίνους οὐδ' ἂν ἐλλείπωσιν ἀληθεῖς εἶναι νομίζουσιν.

34 Παυσάμενος οὖν περὶ τούτων, ἤδη πειράσομαί σοι συμβουλεύειν ἐξ ὧν ἂν ἐντιμότερον ἔτι τὸν σαυτοῦ

30 9 τῶν μὴ FQ (τῶν Q^{sl}) Y^2 : μὴ τῶν SYDrWv ‖ τὸν (F in lit.) τρόπον τοῦτον FQY^2 : τοῦτον τὸν τρόπον SYDrWv (τὸν om. v) ‖ **31** 2 ζηλοῦσθαι QY^2 : δηλοῦσθαι cett. ‖ 4 ὁ om. Qγρ ‖ **32** 6 καλὴν Feliciano : καλὸν codd. (γρ. καλόν σε Q^{mg}) ‖ 7 ἐνευδαιμονῆσαι YrWv : εὐδαιμονῆσαι SDFQ.

ta conduite en plus grande estime encore. Mais puisses-tu ne pas considérer comme un devoir superflu de prêter ton attention à ce qui va suivre, et ne pas faire la supposition que, si je tiens ce langage, c'est non pas pour ton bien mais par désir de briller; je ne veux pas que tu te fourvoies ni que tu prennes de fâcheuses résolutions sur ton compte pour avoir préféré les inspirations du hasard aux avis des meilleurs. **35** Quelqu'un est-il d'une condition obscure et humble, nous ne le critiquons pas, même en cas de faute peu honorable; est-il, comme toi, parvenu à la notoriété, la moindre négligence sur un point qui intéresse l'honneur le couvre de honte [1]. En outre, si on se laisse abuser en jugeant les autres discours, c'est seulement dans telle circonstance qu'on ne prend pas les meilleures décisions; mais si l'on suit maladroitement ou si l'on méprise un conseil touchant sa conduite, on porte sa vie entière la peine de son aveuglement [2].

36 Il faut que tu ne subisses aucun de ces malheurs, mais que tu examines ce qui a le plus d'importance dans les entreprises humaines et quelles sont celles dont l'heureux résultat peut nous assurer un plein succès et celles dont la faillite peut nous causer les plus grands torts notre vie durant. Il ne nous échappe pas qu'il faut donner les soins les plus grands à ce qui doit avoir une influence prépon-

1. Lieu commun de la morale antique, particulièrement utilisé à propos des princes et des hommes d'État : voir Pindare, *Pyth.*, I, 87; Xénophon, *Agésilas*, 5, 6; [Isocrate], *A Démonicos*, 48-49; Salluste, *Catilina*, 51, 12-13; Sénèque, *La Clémence*, I, 7, 8...

2. Comme on le voit d'après l'apparat, toute la fin du § 35 jusqu'au début du § 36 est plus ou moins défigurée dans les manuscrits. Pour les derniers mots du § 35, on a le choix entre deux leçons lisibles; d'une part τῆς ἑαυτῶν ἀγνωσίας ὑπομνήματ' ἔχουσιν, « ils ont mainte occasion de se rappeler (proprement : ils ont des rappels de) leur aveuglement », ce qui est un peu tiré; de l'autre, τῆς ἑαυτῶν ἀγνωσίας ὑπομένουσι δίκας « ils ont à supporter le châtiment de leur ignorance », ce qui satisfait l'esprit : comparer Hérodote II, 118 : καὶ οὐκ ἂν δικαίως αὐτοὶ δίκας ὑπέχειν τῶν... « il n'était point juste qu'eux eussent à supporter une réparation... » (trad. Legrand). — Sur cette leçon voir la *Notice*, p. 93, n. 5.

βίον καταστήσῃς. Βουλοίμην δ' ἄν σε μὴ πάρεργον ποιήσασθαι τὸ προσέχειν τὸν νοῦν τοῖς μέλλουσιν ῥηθήσεσθαι, μηδ' ὑπολαμβάνειν τοῦθ', ὡς ἄρ' ἐγὼ τούτοις κέχρημαι τοῖς λόγοις οὐ τῆς σῆς ὠφελίας ἕνεκα, ἀλλ' ἐπιδείξεως ἐπιθυμῶν, ἵνα μήτε διαμάρτῃς τῆς ἀληθείας, μήτ' ἀντὶ τῶν βελτίστων τὰ τυχόνθ' ἑλόμενος χεῖρον περὶ σαυτοῦ βουλεύσῃ. **35** Καὶ γὰρ τοῖς μὲν ἀφανῆ καὶ ταπεινὴν τὴν φύσιν ἔχουσιν οὐδ' ὅταν | μὴ καλῶς τι πράξωσιν ἐπιπλήττομεν, τοῖς δ' ὥσπερ σὺ περιβλέπτοις γεγενημένοις καὶ τὸ παραμελῆσαί τινος τῶν καλλίστων αἰσχύνην φέρει. Ἔτι δ' οἱ μὲν ἐπὶ τῶν ἄλλων λόγων ψευσθέντες καθ' ἑνὸς μόνου πράγματος οὐ τὰ κράτιστ' ἔγνωσαν· οἱ δὲ τῆς τῶν ἐπιτηδευμάτων συμβουλίας διαμαρτόντες ἢ καταφρονήσαντες παρ' ὅλον τὸν βίον τῆς ἑαυτῶν ἀγνωσίας ὑπομένουσι δίκας.

36 Τούτων μὲν οὖν οὐδὲν δεῖ σε παθεῖν, σκοπεῖσθαι δὲ τί τῶν ἀνθρωπίνων μεγίστην δύναμιν ἔχει, καὶ τίνος καλῶς μὲν ἀποβάντος πλεῖστ' ἂν κατορθοῖμεν, διαφθαρέντος δὲ μέγιστ' ἂν βλαπτοίμεθα παρὰ τὸν βίον· οὐ γὰρ ἄδηλον ὅτι τούτου καὶ μάλιστ' ἐπιμέλειαν ποιητέον, ὃ μεγίστην ῥοπὴν ἐφ' ἑκάτερον ἐργάζεσθαι πέφυκεν.

34 3 καταστήσῃς DrWv : καταστήσεις FQYS (quod in S pro -σῃς interpretari licet, coll. *Erot.*, 57, ubi δοκεῖς pro δοκῇς habet S) καταστήσαις Y² ‖ σε om. Y (add. Y²) ‖ 5 ὑπολαμβάνειν SFQ : ὑπολαβεῖν cett. ‖ 6 σῆς FQY² : om. cett. ‖ 8 μήτ' ἀντὶ FQ : μήτε τι SY μήτεπι v μήτε DrW ‖ **35** 5 αἰσχύνην φέρει SFQ : φέρει (Y?)Cv κατάγνωσιν φέρει DrW φέρει κατάγνωσιν Y² (cum signo perm.) αἰσχύνην φέρειν εἴωθεν Fγρ. Qγρ. Y²γρ. ‖ 10 ὑπομένουσι δίκας v : ὑπομένουσι (Y?) C ὑπολαμβάνουσι rW ὑπομνήματ' ἔχουσιν SDY²FQ ‖ **36** 1 μὲν οὖν D : μὲν cett. ‖ οὐδὲν δεῖ σε παθεῖν SDFQY² : οὐδὲν οὐδεὶς ἔπαθε (Y?)CrWv ‖ 2 ἀνθρωπίνων DFQ : -πείων cett. ‖ 6 ἑκάτερον Reiske : ἑκατέρων codd. ‖ ἐργάζεσθαι DvF : ἐνεργάζεσθαι SYrWQ.

dérante dans l'un et l'autre sens. **37** Or, nous trouverons que, dans les affaires humaines, c'est la pensée [1] qui mène tout, et qu'à son tour, seule, la philosophie peut la bien diriger en même temps que l'exercer : je te crois tenu de te mettre sur les rangs sans hésiter et sans fuir les difficultés inhérentes à cette discipline; dis-toi qu'avec l'inertie et l'indolence les tâches les plus superficielles sont insurmontables, mais qu'avec l'endurance et le goût de l'effort [2] aucun noble but n'est inaccessible; **38** dis-toi qu'il est on ne peut plus insensé, d'un côté, de montrer de l'émulation et d'essuyer nombre d'épreuves pour augmenter son gain, sa vigueur physique et tous les avantages de cette sorte qui sont mortels et d'ordinaire subordonnés à la pensée, et, de l'autre, de ne pas chercher les moyens de perfectionner la faculté qui préside à tout le reste, qui est la fidèle alliée de ceux qui la possèdent et qui dirige leur vie tout entière [3]. **39** Sans doute est-il déjà beau de compter, grâce à la Fortune, des admirateurs parmi les gens du plus haut mérite; mais il est bien plus beau de réussir, grâce à son savoir-faire personnel, à n'être exclu d'aucune entreprise glorieuse. La Fortune, il est quelquefois arrivé même aux médiocres d'avoir part à ses faveurs; mais, pour le savoir-faire, il n'y a de participation possible que pour ceux qui se distinguent par leur caractère résolu [4]. **40** Au reste, je crois que pour ce qui est de la philosophie, l'avenir nous donnera de meilleures occasions de traiter minutieusement chaque question; mais, s'il ne s'agit que d'être bref, rien ne nous empêchera dès maintenant d'en parler.

Il est une première vérité que tu dois comprendre clairement, c'est que tout système d'instruction est une combinaison de science et d'exercice, et la philosophie plus encore que les autres [5] : plus les maîtres qu'elle a mis à sa tête ont l'esprit avisé, plus cette alliance doit être belle. **41** Or, comme la pensée préside à l'art de parler et

1. Pour l'idée, voir la *Notice*, p. 72.

2. Il ne s'agit pas là d'un précepte stoïcien mais d'une règle de vie qui par Xénophon (*Mém.*, II, 1, 19 et 6, 39) remonte à Antisthène (voir J. Humbert, *Socrate...*, p. 237); comparer avec Isocrate, *Ech.*, 209 et [Isocr.], *Dém.*, 40.

37 Τῶν μὲν τοίνυν ἐν ἀνθρώποις διάνοιαν ἁπάντων εὑρήσομεν ἡγεμονεύουσαν, ταύτην δὲ φιλοσοφίαν μόνην παιδεῦσαί τ' ὀρθῶς καὶ γυμνάσαι δυναμένην· ἧς οἴομαι σε δεῖν μετασχεῖν, καὶ μὴ κατοκνῆσαι μηδὲ φυγεῖν τὰς ἐνούσας ἐν αὐτῇ πραγματείας, ἐνθυμούμενον ὅτι διὰ μὲν ἀργίας καὶ ῥᾳθυμίας καὶ τὰ παντελῶς ἐπιπολῆς δυσχείρωτ' ἐστί, διὰ δὲ καρτερίας καὶ φιλοπονίας οὐδὲν τῶν ὄντων ἀγαθῶν ἀνάλωτον πέφυκεν, 38 καὶ διότι πάντων ἀλογώτατόν ἐστι πρὸς μὲν χρηματισμὸν καὶ ῥώμην καὶ τὰ τοιαῦτα φιλοτίμως ἔχειν καὶ πολλὰς ὑπομένειν κακοπαθίας, ἃ πάντα θνήτ' ἐστὶν καὶ τῇ διανοίᾳ δουλεύειν εἴωθεν, τὴν δ' ἐπιστατοῦσαν μὲν τῶν ἄλλων, συνδιατελοῦσαν δὲ τοῖς ἔχουσιν, ὅλου δ' ἡγεμονεύουσαν τοῦ | βίου μὴ ζητεῖν ὅπως διακείσεται βέλτιον. 39 Καίτοι καλὸν μὲν καὶ διὰ τύχην ἐν τοῖς σπουδαιοτάτοις θαυμάζεσθαι, πολὺ δὲ κάλλιον διὰ τὴν ἐπιμέλειαν τὴν αὑτοῦ μηδενὸς τῶν ἐνδόξων ἄμοιρον γενέσθαι· τῆς μὲν γὰρ ἐνίοτε καὶ τοῖς φαύλοις μετασχεῖν συνέβη, τῆς δ' οὐκ ἔστιν ἄλλοις μετουσία πλὴν τοῖς ἐν ἀνδραγαθίᾳ διαφέρουσιν. 40 'Αλλὰ μὴν περί γε τῆς φιλοσοφίας ἀκριβῶς μὲν ἕκαστα διελθεῖν ἡγοῦμαι τὸν μέλλοντα χρόνον ἡμῖν ἐπιτηδειοτέρους καιροὺς παραδώσειν· συντόμως δ' εἰπεῖν οὐδὲ νῦν οὐδὲν κωλύσει περὶ αὐτῆς.

῝Εν οὖν πρῶτον ἐκεῖνό σε δεῖ καταμαθεῖν ἀκριβῶς, ὅτι πᾶσα μὲν παιδεία δι' ἐπιστήμης καὶ μελέτης τινὸς συνέστηκεν, ἡ δὲ φιλοσοφία καὶ μᾶλλον τῶν ἄλλων· ὅσῳ γὰρ φρονιμωτέρους ἔχει τοὺς ἐφεστῶτας, τοσούτῳ κάλλιον αὐτὴν συγκεῖσθαι προσήκει. 41 Καίτοι τί ποτ' ἂν

37 1 Τῶν D : τὴν cett. ‖ 39 1 διὰ : παρὰ Fγρ. Qγρ. ‖ 5 ἐν : ἐπ' D ‖ 40 9 φρονιμωτέρους nos : ἀκριβεστέρους καὶ φρονιμωτέρους Fγρ. Qγρ. Y²γρ. ἀκριβεστέρους cett. (errores ex. praecedenti ἀκριβῶς nati).

de délibérer et que la philosophie transmet cette double expérience [1], pourquoi refuserions-nous de maîtriser une discipline qui nous conférera la possession de ces deux talents à la fois? Il est normal que notre vie même ne connaisse son plein épanouissement que du jour où nous pourrons, avec les visées les plus hautes, maîtriser les matières d'enseignement grâce à une méthode, et toutes les autres grâce à un peu d'entraînement et d'habitude [2].

42 Car on ne peut assurément pas avancer l'idée que nous ne sommes nullement supérieurs les uns aux autres pour le jugement à proportion de nos connaissances [3]. En général, toute nature s'améliore par l'acquisition d'une instruction appropriée, mais par-dessus tout celles qui dès l'origine étaient mieux douées que les autres [4]: les premières se bornent à se surpasser elles-mêmes, les secondes ont le privilège de l'emporter aussi sur les autres.

43 En outre, sache bien que l'expérience qui naît de la pratique est peu sûre et inutile pour le reste de notre existence, mais que l'instruction provenant de la philosophie forme un ensemble heureusement adapté à tous ces besoins. Certes on en a déjà vu qui ont été admirés rien que pour l'entraînement qu'ils doivent à leur chance [5] dans la vie active : mais toi, il t'appartient de les mépriser et de prendre soin de toi-même [6]. Il ne faut pas que tu décides à la légère [7] des plus grandes questions, mais bien en connaissance de cause, ni que tu t'exerces au hasard des circonstances, mais en sachant bien soutenir ta partie.

44 Dis-toi que l'ensemble de la philosophie rend de grands services à ceux qui la cultivent, mais par-dessus tout la connaissance des affaires et des discussions politiques [8]. La géométrie et en général toute étude de ce genre, il est honteux de ne pas en avoir la pratique : quant à y devenir un champion consommé [9], c'est au-dessous de ton mérite. Mais pour la connaissance dont je te parle,

1. Définition tout isocratique (voir *Sur l'Échange*, 266 et 271). Seulement dans l'*Eroticos* on chercherait en vain le contenu de cette philosophie fondée essentiellement sur l'art de la parole adaptée aux discussions politiques. On voit que le souci de la science qui hantera bientôt Aristote ne préoccupe pas notre auteur.

βουληθείημεν, τῆς μὲν διανοίας ἐπὶ τοῦ λέγειν καὶ βουλεύεσθαι τεταγμένης, τῆς δὲ φιλοσοφίας ἑκατέρου τούτων ἐμπειρίαν παραδιδούσης, μὴ ταύτην κατασχεῖν τὴν πραγματείαν, δι' ἧς ἀμφοτέρων τούτων ἐγκρατῶς ἕξομεν; Τότε γὰρ εἰκὸς καὶ τὸν βίον ἡμῶν μεγίστην ἐπίδοσιν λαβεῖν, ὅταν τῶν κρατίστων ὀρεγόμενοι τὰ μὲν διδακτὰ τέχνῃ, τὰ δὲ λοιπὰ γυμνασίᾳ τινὶ καὶ συνηθείᾳ κατασχεῖν δυνηθῶμεν. 42 Οὐ γὰρ δήπου τοῦτό γ' ἔστιν εἰπεῖν, ὡς οὐδὲν πρὸς τὸ φρονεῖν εὖ παρὰ τὴν ἐπιστήμην διαφέρομεν ἀλλήλων· ὅλως μὲν γὰρ ἅπασα φύσις βελτίων γίγνεται παιδείαν προσλαβοῦσα τὴν προσήκουσαν, πολὺ δὲ μάλισθ' ὅσαις ἐξ | ἀρχῆς εὐφυέστερον τῶν ἄλλων ἔχειν ὑπῆρξεν· ταῖς μὲν γὰρ αὑτῶν μόνον βελτίοσιν γίγνεσθαι, ταῖς δὲ καὶ τῶν ἄλλων συμβαίνει διενεγκεῖν. 43 Εὖ δ' ἴσθι τὴν μὲν ἐκ τῶν πράξεων ἐμπειρίαν γιγνομένην σφαλερὰν οὖσαν καὶ πρὸς τὸν λοιπὸν βίον ἀχρήστως ἔχουσαν, τὴν δ' ἐκ τοῦ φιλοσοφεῖν παιδείαν πρὸς ἅπαντα ταῦτ' εὐκαίρως συγκεκραμένην. Καίτοι τινὲς ἤδη καὶ δι' εὐτυχίαν πραγμάτων γυμνασθέντες ἐθαυμάσθησαν· σοὶ δὲ προσήκει τούτων μὲν καταφρονεῖν, σαυτοῦ δ' ἐπιμέλειαν ἔχειν· οὐ γὰρ αὐτοσχεδιάζειν, ἀλλ' ἐπίστασθαί σε δεῖ περὶ τῶν μεγίστων, οὐδ' ἐπὶ τῶν καιρῶν μελετᾶν, ἀλλ' ἀγωνίζεσθαι καλῶς ἐπίστασθαι. 44 Νόμιζε δὲ πᾶσαν μὲν τὴν φιλοσοφίαν μεγάλα τοὺς χρωμένους ὠφελεῖν, πολὺ δὲ μάλιστα τὴν περὶ τὰς πράξεις καὶ τοὺς πολιτικοὺς λόγους ἐπιστήμην· τῆς γὰρ γεωμετρίας καὶ τῆς ἄλλης τῆς τοιαύτης παιδείας ἀπείρως μὲν ἔχειν αἰσχρόν, ἄκρον δ' ἀγωνιστὴν γενέσθαι ταπεινότερον τῆς σῆς ἀξίας· ἐν ἐκείνῃ δὲ τὸ

41 2-3 λέγειν καὶ βουλεύεσθαι SYDvF : λέγειν Q βουλεύεσθαι καὶ λέγειν rW ‖ 8 τινὶ FQ : om. cett. ‖ **42** 6-7 ταῖς (per compend.) ... ταῖς v : τοῖς ... ταῖς SDW τοῖς ... τοῖς YrFQ ‖ **43** 1 ἴσθι DFQY² : ἴσθ' ὅτι SYrWv ‖ 5 εὐτυχίαν : συντυχίαν Fγρ. Qγρ. Y².

s'y distinguer est chose enviable, n'en avoir pas la moindre teinture est du dernier ridicule.

45 Tu peux t'en apercevoir à de nombreux indices, et notamment en confrontant les hommes qui sont devenus illustres avant toi : d'un côté tu apprendras que Périclès, qui, dans l'opinion, l'emportait infiniment par son intelligence sur tous ses contemporains réunis, a fréquenté Anaxagore de Clazomènes [1] et a été le disciple de ce grand homme avant d'avoir ce talent en partage; d'un autre côté, tu t'apercevras qu'Alcibiade était beaucoup moins doué pour la vertu et que sa vie était un enchaînement délibéré de morgue, d'abaissement, de passion effrénée [2], mais qu'à la suite de son commerce avec Socrate il rectifia [3] beaucoup d'erreurs de sa vie et pallia tout le reste par la grandeur de ses autres actions [4]. **46** Si, quand on peut utiliser des exemples plus récents, il n'y a pas lieu de s'attarder à citer l'histoire ancienne, tu t'apercevras d'un côté que Timothée a mérité une très grande réputation et de très nombreuses distinctions non pas à la suite de ce qu'il a réalisé dans sa première jeunesse, mais de ce qu'il a exécuté après avoir fréquenté Isocrate [5]; et, d'un autre côté, qu'Archytas administra si bien et si humainement la cité de Tarente après en être devenu le maître, que la mémoire de son nom s'est répandue dans le monde entier. Or, cet homme fut méprisé tout d'abord, et c'est à la suite de la fréquentation de Platon [6] qu'il fit de si remarquables progrès. **47** Au reste, rien d'illogique dans ces dénouements [7]; ce qui serait bien plus étrange, ce serait d'être contraint d'exécuter les petites tâches en recourant à la science et aux exercices, et d'être capable de faire les plus grandes sans suivre cette démarche [8].

1. Sur cette tradition, voir Platon, *Phèdre*, 270a; *Alcib.* I, 118c; Plutarque, *Périclès*, 4, 6.

2. Tournure empruntée à Isocrate, *Panégyrique*, 152, où d'ailleurs elle s'applique aux satrapes; cf. Platon, *Rép.*, 561d (portrait du démocrate).

3. Terme cher aux sophistes : voir Platon, *Gorgias*, 461c; [Isocrate], *A Démonicos*, 3. On sait qu'Isocrate a fait l'éloge d'Alcibiade dans l'*Attelage* et qu'à plusieurs reprises l'orateur a parlé de lui : voir *Busiris*, 5, *Philippe*, 58-61 (éloge mitigé).

μὲν διενεγκεῖν ζηλωτόν, τὸ δ' ἄμοιρον γενέσθαι παντελῶς καταγέλαστον.

45 Γνοίης δ' ἂν ἐξ ἄλλων τε πολλῶν, καὶ παραθεωρήσας τοὺς πρὸ σαυτοῦ γεγενημένους ἐνδόξους ἄνδρας. Καὶ τοῦτο μὲν Περικλέα τὸν συνέσει πλεῖστον τῶν καθ' αὑτὸν διενεγκεῖν δόξαντα πάντων, ἀκούσῃ πλησιάσαντ' Ἀναξαγόρᾳ τῷ Κλαζομενίῳ καὶ μαθητὴν ἐκείνου γενόμενον ταύτης τῆς δυνάμεως μετασχόντα· τοῦτο δ' Ἀλκιβιάδην εὑρήσεις φύσει μὲν πρὸς ἀρετὴν πολλῷ χεῖρον διακείμενον, καὶ τὰ μὲν ὑπερηφάνως, τὰ δὲ ταπεινῶς, τὰ δ' |ὑπερακρατῶς ζῆν προῃρημένον, ἀπὸ δὲ τῆς Σωκράτους ὁμιλίας πολλὰ μὲν ἐπανορθωθέντα τοῦ βίου, τὰ δὲ λοιπὰ τῷ μεγέθει τῶν ἄλλων ἔργων ἐπικρυψάμενον.

46 Εἰ δὲ δεῖ μὴ παλαιὰ λέγοντας διατρίβειν, ἔχοντας ὑπογυωτέροις παραδείγμασιν χρῆσθαι, τοῦτο μὲν Τιμόθεον οὐκ ἐξ ὧν νεώτερος ὢν ἐπετήδευσεν, ἀλλ' ἐξ ὧν Ἰσοκράτει συνδιατρίψας ἔπραξεν, μεγίστης δόξης καὶ πλείστων τιμῶν εὑρήσεις ἀξιωθέντα· τοῦτο δ' Ἀρχύταν τὴν Ταραντίνων πόλιν οὕτω καλῶς καὶ φιλανθρώπως διοικήσαντα [καὶ] κύριον αὐτῆς καταστάντα, ὥστ' εἰς ἅπαντας τὴν ἐκείνου μνήμην διενεγκεῖν· ὃς ἐν ἀρχῇ καταφρονούμενος, ἐκ τοῦ Πλάτωνι πλησιάσαι τοσαύτην ἔλαβεν ἐπίδοσιν. **47** Καὶ τούτων οὐδὲν ἀλόγως ἀποβέβηκεν· πολὺ γὰρ ἦν ἀτοπώτερον, εἰ τὰ μὲν μικρὰ δι' ἐπιστήμης καὶ μελέτης ἠναγκαζόμεθ' ἐπιτελεῖν, τὰ δὲ μέγιστ' ἄνευ ταύτης τῆς πραγματείας ἠδυνάμεθα πράττειν.

45 3 Καὶ τοῦτο v : τοῦτο cett. ‖ μὲν FQ : μὲν γὰρ cett. ‖ 4 ἀκούσῃ vY^2 : ἀκούσειν S(Y?)CDFQ : ἀκούσει].ς. F^{sl} ἀκούσαντας rW ‖ 8 τὰ δὲ ταπεινῶς om. D ‖ 9 ὑπερακρατῶς Dγρ. [-κράτως Fγρ. Qγρ.] : ὑπεράκρως SYDrWvFQ ‖ **46** 1 λέγοντας YDrWv F^{pc}: -ντα $SF^{ac}Q$ ‖ 7 καὶ del. Wolf. ‖ **47** 1-2 ἀποβέβηκεν Feliciano : ἀποβέβληκεν codd. ‖ 4 ἄνευ — πραγματείας SYDrWvFQ: ἄνευ τέχνης τα(ύτης?) τῆς πρ- Y^2γρ.

Inutile d'en dire davantage sur ce sujet. Aussi bien, je ne pensais pas, même au début, en te rappelant ces vérités, que tu leur étais complètement étranger : j'estimais que cette forme d'encouragement sollicite les ignorants et stimule les connaisseurs. **48** Ne va pas former la vague supposition que je t'ai tenu ce langage parce que je me proposerais de t'endoctriner moi-même sur l'un de ces points : je n'aurais aucun scrupule à dire que j'ai encore besoin moi-même d'apprendre beaucoup et que je préfère être un champion dans les luttes politiques [1] plutôt que le maître des autres [2] : non que je réprouve, en apportant ce correctif, la réputation des sophistes professionnels; au contraire, la vérité se présente bien comme je te le dis [3] : **49** car enfin, je le sais tout le premier, c'est grâce à la pratique de cette discipline que plus d'un est sorti d'une condition obscure et humble pour devenir illustre, et qu'en particulier Solon [4] de son vivant comme après sa mort a mérité la plus grande réputation : loin d'être exclu des autres honneurs, après avoir laissé en commémoration de son courage le trophée obtenu sur les Mégariens, puis de ses sages conseils, la restitution de Salamine [5], **50** enfin de son intelligence en général, les lois que maintenant encore la majorité des Grecs continuent d'utiliser [6], malgré tant et de si belles illustrations, il n'a rien eu de plus à cœur que de faire partie des Sept Sages [7], dans l'idée que la philosophie apportait non pas de la honte [8] mais de l'estime à ceux qui la pratiquaient, en quoi assurément il fit preuve d'un jugement tout aussi sain que dans les autres domaines où il avait montré sa supériorité.

51 Moi-même, loin d'en juger autrement, je te recommande de cultiver la philosophie, en te souvenant des talents que tu as apportés en naissant : si je t'en ai fait

1. Seule la leçon πολιτικῶν est ici admissible. Pour l'idée, comparer Isocrate, *Sur l'Échange*, 204.

2. τῶν ἄλλων est évidemment masculin; s'il était neutre, on comprendrait « un maître dans les autres disciplines » (que la politique), restriction qui ne se justifierait pas; voir d'ailleurs Isocr., *Contre les Sophistes*, 4.

Περὶ μὲν οὖν τούτων οὐκ οἶδ' ὅ τι δεῖ πλείω λέγειν· οὐδὲ γὰρ ἐξ ἀρχῆς ὡς παντελῶς ἀπείρως ἔχοντός σου περὶ αὐτῶν ἐμνήσθην, ἀλλ' ἡγούμενος τὰς τοιαύτας παρακλήσεις τοὺς μὲν ἀγνοοῦντας προτρέπειν, τοὺς δ' εἰδότας παροξύνειν. **48** Μηδὲν δ'ὑπολάβῃς τοιοῦτον, ὡς ἄρ' ἐγὼ ταῦτ' εἴρηκα διδάξειν αὐτὸς ἐπαγγελλόμενός σέ τι τούτων· οὐ γὰρ ἂν αἰσχυνθείην εἰπὼν ὅτι πολλὰ μαθεῖν αὐτὸς ἔτι δέομαι, καὶ μᾶλλον ἀγωνιστὴς προῄρημαι τῶν πολιτικῶν ἢ διδάσκαλος εἶναι τῶν ἄλλων. Οὐχ ὡς ἀναινόμενος δὲ ταῦτα διορθοῦμαι τὴν τῶν σοφιστεύειν ἑλομένων δόξαν, ἀλλ' ὅτι τἀληθὲς τοῦτον ἔχον τυγ|χάνει τὸν τρόπον· **49** ἐπεὶ σύνοιδά γε πολλοὺς μὲν ἐξ ἀδόξων καὶ ταπεινῶν ἐπιφανεῖς διὰ τῆς πραγματείας ταύτης γεγενημένους, Σόλωνα δὲ καὶ ζῶντα καὶ τελευτήσαντα μεγίστης δόξης ἠξιωμένον· ὃς οὐκ ἀπεληλαμένος τῶν ἄλλων τιμῶν, ἀλλὰ τῆς μὲν ἀνδρείας τὸ πρὸς Μεγαρέας τρόπαιον ὑπόμνημα καταλιπών, τῆς δ' εὐβουλίας τὴν Σαλαμῖνος κομιδήν, **50** τῆς δ' ἄλλης συνέσεως τοὺς νόμους, οἷς ἔτι καὶ νῦν οἱ πλεῖστοι τῶν Ἑλλήνων χρώμενοι διατελοῦσιν, ὅμως τοσούτων αὐτῷ καλῶν ὑπαρχόντων, ἐπ' οὐδενὶ μᾶλλον ἐσπούδασεν ἢ τῶν ἑπτὰ σοφιστῶν ὅπως γένηται, νομίζων τὴν φιλοσοφίαν οὐκ ὄνειδος, ἀλλὰ τιμὴν τοῖς χρωμένοις φέρειν, καλῶς ἐγνωκὼς αὐτὸ τοῦτ' οὐχ ἧττον ἢ καὶ τἄλλ' ἐφ' οἷς διήνεγκεν.

51 Ἐγὼ μὲν οὖν οὔτ' αὐτὸς ἄλλως γιγνώσκω, σοί τε παραινῶ φιλοσοφεῖν, μεμνημένῳ τῶν ἐξ ἀρχῆς ὑπαρξάντων σαυτῷ. Τούτου γὰρ ἕνεκα διῆλθον ἐν ἀρχῇ τοῦ

48 3 σέ τι YDrWv : ἔτι SFQ ‖ 5 τῶν πολιτικῶν Fγρ. Qγρ. Dγρ. Y²γρ. : τῶν πολλῶν SYDrWvFQ (τῶν om. Q) ‖ 6-7 διορθοῦμαι Dγρ. Qγρ. : διαιροῦμαι cett. ‖ **51** 1 Ἐγὼ — γιγνώσκω Fγρ. Qγρ. Dγρ. Y² : ὑφ' ὧν οὖν SYDrWvFQ ‖ 3 διῆλθον DvFγρ. Qγρ. Y² : διῆλθον μὲν YrW διήλθομεν SFQ.

un exposé à mon tour au début de ce discours, ce n'est pas dans l'espoir que je ferais ta conquête en louant tes dons naturels, mais pour mieux te pousser à l'étude de la philosophie, à condition que tu ne la déprécies pas et qu'entêté de tes qualités actuelles tu ne négliges pas tes qualités à venir [1]. **52** Même si tu l'emportes sur les premiers venus, n'en cherche pas moins à triompher des autres : dis-toi qu'il est excellent de primer sur tout le monde et que mieux vaut tendre publiquement à ce but que de l'emporter sur les gens du commun. Ne déshonore pas tes dons naturels et évite de tromper les espérances [2] de ceux qui sont fiers de toi : tâche de surpasser par ton talent les souhaits de tes plus zélés partisans; **53** considère que si tous les discours attirent la gloire sur leurs auteurs lorsqu'ils sont judicieux, les conseils confèrent à ceux qui les suivent des avantages et de l'estime; que si nos jugements en général indiquent l'ouverture d'esprit que nous avons, le choix de nos occupations met à l'épreuve l'ensemble de nos capacités naturelles.

Ici, attends-toi que tes jugements entraîneront du même coup chez tous un jugement sur toi-même et que moi, qui ai été si prompt à faire ton éloge, je serai mêlé au débat où ta personne sera mise à l'épreuve. **54** C'est pourquoi il faut qu'après avoir semblé digne de mes éloges tu le sois en réalité [3] et que moi je sois lavé de tous soupçons pour l'amitié que je te voue [4]. Je ne serais pas si jaloux [5] de t'encourager à cultiver la philosophie, si je ne pensais t'offrir ainsi mon plus beau tribut de sympathie, et si je ne voyais que notre Cité, par manque de gens distingués, se sert souvent des premiers venus, quitte à tomber dans les plus grands revers pour prix de leurs erreurs. **55** Pour qu'elle profite de ton mérite,

1. Même idée dans Isocrate (*Evagoras*, 81).
2. Même expression dans Isocrate (*Archidamos*, 108).
3. Opposition classique entre l'apparence et la réalité, marquée par le verbe δοκεῖν et le verbe εἶναι; voir par ex. Eschyle, *Les Sept*, 592 :

Οὐ γὰρ δοκεῖν ἄριστος, ἀλλ' εἶναι θέλει,
« Il ne veut pas sembler valeureux, il veut l'être ».

λόγου κἀγὼ περὶ αὐτῶν, οὐχ ὡς ἐκ τοῦ τὴν σὴν φύσιν ἐπαινεῖν ἀνακτήσεσθαί σε προσδοκῶν, ἀλλ' ἵνα μᾶλλον προτρέψω σε πρὸς τὴν φιλοσοφίαν, ἐὰν μὴ παρὰ μικρὸν ποιήσῃ, μηδ' ἐπὶ τοῖς ὑπάρχουσιν ἀγαθοῖς μέγα φρονήσας τῶν μελλόντων ὀλιγωρήσῃς. 52 Μηδ' εἰ τῶν ἐντυγχανόντων κρείττων εἶ, μηδὲν τῶν ἄλλων ζήτει διενεγκεῖν, ἀλλ' ἡγοῦ κράτιστον μὲν εἶναι τὸ πρωτεύειν ἐν ἅπασιν, τούτου δ' ὀρεγόμενον ὀφθῆναι μᾶλλον συμφέρειν ἢ προέχοντ' ἐν τοῖς τυχοῦσιν. Καὶ μὴ καταισχύνῃς τὴν φύσιν, μηδὲ ψευσθῆναι ποιήσῃς τῶν ἐλπίδων τοὺς ἐπὶ σοὶ μέγα φρονοῦντας, ἀλλ' ὑπερβάλλεσθαι πειρῶ τῇ | σαυτοῦ δυνάμει τὴν τῶν εὐνουστάτων ἐπιθυμίαν. 53 Καὶ νόμιζε τοὺς μὲν ἄλλους λόγους, ὅταν ἐπιεικῶς ἔχωσιν, τοῖς εἰποῦσιν δόξαν περιτιθέναι, τὰς δὲ συμβουλίας τοῖς πεισθεῖσιν ὠφέλειαν καὶ τιμὴν προσάπτειν· καὶ τὰς μὲν περὶ τῶν ἄλλων κρίσεις τὴν αἴσθησιν ἣν ἔχομεν δηλοῦν, τὰς δὲ τῶν ἐπιτηδευμάτων αἱρέσεις τὴν ὅλην φύσιν ἡμῶν δοκιμάζειν.

Ἐν οἷς ἅμα κρίνων αὐτὸς κριθήσεσθαι προσδόκα παρὰ πᾶσιν, κἀμὲ τὸν οὕτως ἐγκωμιάσαντά σ' ἑτοίμως ἐν ἀγῶνι γενήσεσθαι τῆς σῆς δοκιμασίας. 54 Δι' ἃ δεῖ σέ τε τῶν ἐπαίνων ἄξιον εἶναι δόξαντα καὶ ἐμὲ τῆς σῆς φιλίας ἀνεπιτίμητον εἶναι. Οὐχ οὕτως δ' ἂν σε προθύμως ἐπὶ τὴν φιλοσοφίαν παρεκάλουν, εἰ μὴ τῆς μὲν εὐνοίας τῆς ἐμῆς τοῦτον ἄν σοι κάλλιστον ἔρανον εἰσενεγκεῖν ᾤμην, τὴν δὲ πόλιν ἑώρων διὰ μὲν ἀπορίαν τῶν καλῶν κἀγαθῶν ἀνδρῶν τοῖς τυχοῦσιν πολλάκις χρωμένην, διὰ δὲ τὰς τούτων ἁμαρτίας αὐτὴν ταῖς μεγίσταις ἀτυχίαις περιπίπτουσαν. 55 Ἵν' οὖν

52 5 προέχοντ' YDrWv : προσέχοντ' SFQ ‖ 7 ὑπερβάλλεσθαι : ὑπερβαλέσθαι v ‖ **54** 1 Δι' ἃ SYDrWv : διὸ FQ ‖ 2 σέ τε DFQY[2] : σε SYrWv ‖ εἶναι om. rW ‖ 4 παρεκάλουν YDrWv : παρεκαλοῦμεν SFQ ‖ 8 ἁμαρτίας : ἀδοξίας Dγρ.

et toi des honneurs qu'elle décerne, j'ai redoublé mon zèle à t'encourager. Car enfin, je pense qu'il ne dépendra même pas de toi de vivre au gré du hasard, mais que notre Cité te chargera d'administrer un de ses services [1], et que plus tes dons sont éclatants, plus elle te jugera digne de postes importants, et plus vite elle voudra faire l'épreuve de tes capacités. Ainsi, il est bon que ton intelligence soit préparée pour qu'alors tu ne fasses pas de bévues.

56 Mon rôle à moi [2], c'était de te dire ce qu'à mes yeux tu avais intérêt de mener à bonne fin, et le tien c'est de te déterminer là-dessus. Mais il importe aussi que tous ceux qui recherchent ton intimité ne se satisfassent pas des plaisirs et des passe-temps frivoles et qu'ils ne t'y invitent pas : ils doivent aimer l'effort et veiller [3] à rendre ta carrière la plus brillante possible. C'est par là qu'eux-mêmes pourront obtenir les plus grands éloges, tout en te rendant les plus nombreux services. **57** Certes, je ne critique, à présent même, aucun de ceux qui t'approchent : car, à mon avis, dans la chance qui te favorise ordinairement, rentre aussi le privilège de n'avoir rencontré aucun soupirant vulgaire et celui de choisir, parmi tes camarades d'âge, des gens que l'on prendrait volontiers pour amis. Cependant, je te recommande, tout en te montrant bienveillant avec eux tous, tout en te montrant agréable, d'écouter les plus avisés d'entre eux [4], afin que tu paraisses encore plus honnête et à ces personnes mêmes et aux autres citoyens. Bonne chance [5].

1. Il s'agit sans doute des liturgies, par lesquelles on demande aux riches — Épicrate est un cavalier — de pourvoir à tel ou tel service public. On sait combien les liturgies, et en particulier la chorégie, perdirent d'importance sous Démétrius de Phalère (voir W. S. Ferguson, *Hellenistic Athens*, p. 56 et 99). Ce petit trait interdirait à lui tout seul de trop abaisser dans le IVe siècle la composition de l'*Eroticos*. D'autre part l'optimisme de ce paragraphe empêche de voir ici une allusion aux *nomophylactes* qu'introduisit le même Démétrius de Phalère dans le gouvernement d'Athènes comme autant de surveillants; d'ailleurs ils étaient élus, ce qui n'est guère compatible avec le verbe προστάττειν employé dans notre texte (voir W. S. Ferguson, *op. cit.*, p. 44).

ἡ μὲν τῆς σῆς ἀρετῆς, σὺ δὲ τῶν παρὰ ταύτης τιμῶν ἀπολαύσῃς, προθυμότερόν σοι παρεκελευσάμην. Καὶ γὰρ οὐδ' ἐπὶ σοὶ νομίζω γενήσεσθαι ζῆν ὡς ἔτυχεν, ἀλλὰ προστάξειν σοι τὴν πόλιν τῶν αὑτῆς τι διοικεῖν, καὶ ὅσῳ τὴν φύσιν ἐπιφανεστέραν ἔχεις, τοσούτῳ μειζόνων ἀξιώσειν καὶ θᾶττον βουλήσεσθαι πεῖράν σου λαμβάνειν. Καλὸν οὖν παρεσκευάσθαι τὴν γνώμην, ἵνα μὴ τότε πλημμελῇς.

56 Τὸ μὲν οὖν ἐμὸν ἦν ἔργον εἰπεῖν ἅ σοι συμφέρειν ἡγοῦμαι πεπρᾶχθαι, σὸν δὲ βουλεύσασθαι περὶ αὐτῶν. Προσήκει δὲ καὶ τοὺς ἄλλους τοὺς ζητοῦντας οἰκείως πρὸς σὲ διακεῖσθαι μὴ τὰς ἐπι|πολαίους ἡδονὰς καὶ διατριβὰς ἀγαπᾶν, μηδ' ἐπὶ ταύτας προκαλεῖσθαι, ἀλλὰ φιλοπονεῖν καὶ σκοπεῖν ὅπως τὸν σὸν βίον ὡς λαμπρότατον καταστήσουσιν· αὐτοί τε γὰρ οὕτως ἂν μάλιστ' ἐπαινοῖντο καὶ σοὶ πλείστων ἀγαθῶν αἴτιοι γένοιντο. 57 Μέμφομαι μὲν οὖν οὐδὲ νῦν οὐδένα τῶν σοὶ πλησιαζόντων· καὶ γάρ μοι δοκεῖ τῆς ἄλλης εὐτυχίας τῆς σῆς καὶ τοῦθ' ἓν εἶναι, τὸ μηδενὸς φαύλου τυχεῖν ἐραστοῦ, ἀλλ' οὓς ἄν τις ἕλοιτο βουλόμενος φίλους ἐκ τῶν ἡλικιωτῶν ἐκλέγεσθαι· παραινῶ μέντοι σοι φιλοφρονεῖσθαι μὲν πρὸς ἅπαντας τούτους καὶ ἔχειν ἡδέως, πείθεσθαι δὲ τοῖς πλεῖστον νοῦν ἔχουσιν αὐτῶν, ἵνα καὶ τούτοις αὐτοῖς ἔτι σπουδαιότερος δοκῇς εἶναι καὶ τοῖς ἄλλοις πολίταις. Εὐτύχει.

55 8 σου SFQY² : om. YDrWv ‖ παρεσκευάσθαι καὶ γεγυμνάσθαι D ‖ **56** 2 σὸν : ὅσον S ‖ 4 ἐπιπολαίους : ἐπὶ πολλοὺς Y² ἐπὶ πόλεως Q^{mg} ‖ 6 φιλοπονεῖν SDvFQY^{pc} : πονεῖν Y^{ac}rW ‖ **57** 3 τὸ YDrWvF^{pc} : τοῦ SF^{ac}Q ‖ 8 δοκεῖς S.

Stichometria 𐅅ΔΔΔΔΙΙ nos :

𐅅𐅄ΔΔ Y 𐅅𐅅ΔΔ SQ 𐅅𐅄Δ Graux.

NOTES COMPLÉMENTAIRES

NOTES DE L'ÉPITAPHIOS

Page 52.

7. On rapprochera Thc., II, 36, 1-2 et Platon, *Ménexène* 247b. Voir *infra*, 32 et 37; tournure imitée par Hypéride, *Epit.*, 41.

8. Formule d'une désinvolture qui n'étonne pas dans un exorde de Démosthène (voir par ex., *Prem. Phil.*, 1).

9. Sur les qualités morales et le talent de ces orateurs, voir Thc., II, 34, 6.

Page 53.

3. Début traditionnel (Thc., II, 36, 1; Platon, *Ménex.*, 237b, 245d; Isocr., *Pan.*, 24-25). Voir aussi Lysias, *Epit.*, 17, qui esquisse ce thème dans le corps même de son discours.

Page 55.

2. D'après Apollodore (*Biblioth.*, II, 5, 9), les Amazones habitaient avant leurs expéditions près du *Thermodon* (petit fleuve situé en Asie à l'est de l'Halys). Si Thésée les repoussa jusqu'au *Phase* (petit fleuve de Colchide situé encore plus à l'Est), c'est qu'il leur fit perdre du territoire. Démosthène (ou sa source) exploite au profit de la bravoure athénienne l'incertitude qui régnait sur la patrie d'origine des Amazones, incertitude dont témoigne l'embarras de Plutarque (voir *Vie de Thésée*, éd. Les Belles Lettres, Paris, 1957, chap. 27, 2 et la note de R. Flacelière). On plaçait cette patrie soit dans la région du Caucase (Strabon, XI, 503; Arrien, *Anab.*, VII, 13, où il est question du Phase); soit dans la région du Thermodon (Strabon XI, 505; Diod. de Sic., II, 45-46). Diodore

suppose que leurs conquêtes les portèrent vers l'Est; Strabon (XI, 505) suppose comme Démosthène qu'elles furent délogées de la région du Thermodon par les Athéniens.

3. Apollodore (*Bibl.*, III, 15, 4, 8) mentionne aussi de nombreux *alliés* thraces aux côtés d'Eumolpe, lors de l'expédition où il vint secourir les Eleusiniens contre Athènes. Pour le texte adopté (τῶν πολλῶν), comparer Platon, *Phédon*, 88a, où il est question de l'âme qui ne se fatigue pas ἐν ταῖς πολλαῖς γενέσεσιν « dans *ses* nombreuses naissances »; ici comme là, l'article a une valeur possessive.

4. Par rapport à l'Attique, la ville d'Éleusis est située au Couchant; on peut dire la même chose du col du Cithéron par où passent les invasions venues de Thrace.

5. Démosthène adopte la version athénienne de la légende, où l'on voit Adraste, seul survivant des Sept, se réfugier auprès de Thésée qui l'aide à s'emparer de force des cadavres refusés par les Thébains. L'autre version, pacifique, attribue la remise des corps par les Thébains à l'éloquence d'Adraste (voir Plut., *Thésée*, 29 et A. Hauvette, *Les Eleusiniens d'Eschyle*... dans les *Mélanges Weil*, Paris, 1898, p. 168-178). Sur le rôle de Créon, voir, *supra*, *Notice*, p. 31, n. 4. Ordinairement, cette légende est citée avant celle des Héraclides : ainsi dans Lysias, Platon (voir *supra*, p. 55, n. 1). La chronologie légendaire le demande ainsi. Et de fait, c'est ordinairement Démophon, *fils* de Thésée, qui accueille les Héraclides, comme il apparaît chez Euripide. Mais dans Diodore (IV, 57) et Pausanias (I, 32, 6), c'est Thésée lui-même qui accueille les suppliants et les défend contre Eurysthée. En ce cas, l'ordre suivi par Démosthène n'a rien d'illogique.

6. Transition semblable dans Platon, *Ménex.*, 239b. Démosthène par ces mots désigne successivement la poésie épique et dramatique, la poésie lyrique et les éloges en prose, selon une distinction assez fréquente (voir par ex. Isocr., *Ev.*, 11). Il n'y a pas lieu de suspecter le mot ἔμμετρος, qui, par une légère brachylogie, s'applique ici aux auteurs *qui écrivent en vers*, et non à leurs œuvres mêmes. Malgré le sens compréhensif de ce terme, Démosthène songe plutôt aux auteurs tragiques qu'aux poètes épiques (voir *supra*, p. 55, n 1.). Parmi les lyriques, on peut renvoyer à Pindare (*Ném.*, IX pour Adraste et les Sept; *Pyth.*, XI, 76 et suiv. pour les Héraclides). Pindare n'a d'ailleurs pas développé ces thèmes pour la glorification d'Athènes. Quant au mot συγγραφεύς, il désigne soit les prosateurs en général (par ex. dans Platon, *Phèdre*, 235c) soit les historiens en particulier (voir M. Lavency, *Aspects de la logographie judiciaire attique*, Louvain, 1964,

p. 38). Parmi ces derniers, Démosthène songe moins aux logographes et à Hérodote (voir ses *Histoires*, IX, 27, pour les Héraclides), qu'aux auteurs d'éloges comme Isocrate (voir *supra*, p. 55, n. 1).

Page 56.

3. Voir *Notice*, p. 21, n. 5.
4. Même excuse chez Hypéride, *Epit.*, 7; Isocrate, *Ech.*, 114.

Page 57.

2. Sur ces jeux, voir Lysias, *Epit.*, 80 et surtout Platon, *Ménex.*, 249b, qui parle « de jeux gymniques et hippiques, de concours musicaux de toute nature ». Le détail de ces jeux nous échappe. Aristote (*Constit. d'Athènes*, 58, 1) nous apprend que le polémarque les organisait. Ils devaient exister dès le ve siècle (voir L. Deubner, *Attische Feste*, p. 230). La « musique » dont parle Platon devait peut-être comprendre aussi des « productions littéraires » (voir A. Mommsen, *Feste der Stadt Athen*, p. 301-306). Quant aux autres jeux, nous avons surtout sur eux le témoignage d'inscriptions du IIe et du 1er siècle avant J.-C. (par ex., *I.G.*, II^2, 1006, 1008, 1011, 1028 (= Syll^3. II, 717); 1029, 2997-2999), où il est principalement question de courses d'éphèbes en armes, de lampadodromies d'éphèbes et d'hommes faits (voir leur étude dans A. Martin, *Notes sur l'Héortologie athénienne*, dans la *Revue de Philologie*, 1887, p. 17-37).
3. On retrouve ce raisonnement, qui est peut-être un lieu commun, dans les discours *sur l'Ambassade* (340) et *sur la Couronne* (277). Sur son appropriation au sujet, voir la *Notice*, p. 27.

Page 58.

4. Bien qu'il s'agisse là d'un lieu commun (voir la *Notice* p. 20, n. 4), cette liaison du courage et de l'intelligence tient au cœur de Démosthène, qui déplore si souvent la distance séparant la théorie et la pratique, ou encore le vote des mesures à prendre et leur exécution (voir *Sur la liberté des Rhodiens*, 1).
5. Même image dans le discours *sur la Couronne* (19; 62; 159).

6. Démosthène résume à grands traits dans ce paragraphe sa politique antérieure, en insistant sur son caractère panhellénique : il songe à l'affaire d'Olynthe (en 349), à celle de Messène (en 344, année de la *Deuxième Philippique*), aux ambassades multipliées lors de la guerre de Chersonèse (en 341, voir *Sur la Chersonèse*, 34). Toutefois, cet abrégé d'une part laisse dans l'ombre le rôle de Démosthène, désireux de ne pas se mettre en vedette ce jour-là, et d'autre part embellit à dessein la conduite passée des Athéniens (sur les rapports des Grecs et des Athéniens, on trouvera des accents plus vrais dans le discours *sur la Chersonèse*, 35).

7. Mêmes expressions dans le discours *sur la Couronne* (20), passage d'ailleurs plus pessimiste que celui-ci, parce qu'il ne se termine pas, comme ici, sur la peinture du revirement des Grecs au moment d'Élatée (339).

Page 59.

3. Sur ce sens de σώματα, voir *Sur les Symmories*, 16; *Troisième Philippique*, 40; *Sur la Couronne*, 20; *Lettre* IV, 9. Le mot désigne des *effectifs* de soldats ou de civils, selon le contexte.

4. Démosthène désigne à mots couverts la défaite de Chéronée.

5. Il y a tout lieu de penser que cette antithèse, que Démosthène pouvait lire dans Lysias (*Epit.*, 31), dans Isocrate (*Pan.*, 92) et que Lycurgue lui empruntera (*Contre Léocrate*, 49), était un lieu commun des oraisons funèbres. On le trouve peut-être déjà ébauché chez Thucydide (voir II, 43, 3 et la note d'A. Croiset). Sur l'arrière-pensée de Démosthène, voir la *Notice*, p. 29-30.

6. Il ne faut ni adoucir ce mot ni le corriger. Voir la *Notice*, p. 30.

7. Démosthène ne se croit pas tenu de donner une description en règle de la bataille. « Je n'étais pas stratège », dit-il dans le discours *sur la Couronne* (194). Il n'avait d'ailleurs pas à instruire ses contemporains du détail des opérations, mais à détacher de l'ensemble ce qui lui semblait élogieux *pour les vaincus*. Du côté des Athéniens, il célèbre le corps à corps acharné qui, à l'aile gauche du front des alliés, les opposa à Philippe et sa phalange. Philippe recula-t-il de propos prémédité ou sous le choc des Athéniens, la question est indécise (voir P. Cloché, *Philippe*, p. 263-264); en tout cas, Démosthène n'embellit pas la réalité en parlant de la vaillance des Athéniens (20; voir Diodore, XVI, 87; Justin,

IX, 3, 10; Polyen, *Stratag.*, IV, 7, 2). Pour les Béotiens, il signale (22) la conduite héroïque du Bataillon sacré qui était placé à l'extrême droite, en face du jeune Alexandre (voir Diod., *loc. cit.* et la *Notice*, p. 30). Qu'après la destruction de ce bataillon le désordre se soit mis dans les rangs des alliés, Démosthène n'avait pas à le dire, pas plus qu'il ne pouvait pressentir et célébrer la gloire future d'Alexandre, comme l'eût fait un faussaire (voir dans F. Chamoux, *La civilisation grecque*, Paris, Arthaud, 1963, p. 139, un plan commode de la bataille, d'après N. G. L. Hammond, et une description des opérations favorable au repli volontaire de Philippe, hypothèse d'ailleurs autorisée par Polyen, *Strat.*, IV, 2, 10).

8. Ces raisons sont un peu spécieuses (voir la *Notice*, p. 30); mais, outre que Démosthène ne pouvait dire toute la vérité, il ne faut pas donner au mot d'*ami* une autre valeur que celle qu'il a dans un traité d'entente (voir M. Pohlenz, *Zu den Attischen Reden auf die Gefallenen*, dans *Symbolae Osloenses*, 1948, p. 62-63 : l'auteur renvoie à Justin, 9, 4, 32 : « *Super haec Alexandrum filium cum amico Antipatro, qui pacem cum his* amicitiamque *jungeret, Athenas misit* »).

Page 60.

1. Sur ce passage, voir la *Notice*, p. 49. — L'apparat indique que le membre de phrase « *à l'expérience et à l'audace de celui qui était à leur tête* » devrait, selon le texte des manuscrits, être placé après « *Fortune* », ce qui n'est guère logique. Bien avant Reiske, J. Sophianos (voir ci-dessus, p. 39), l'avait transposé après « *prouesses* » : l'opposition entre le hasard et la bravoure devient ainsi très claire (voir semblable opposition dans Polybe I, 63, 9). Il faut voir là une addition apportée par l'auteur à son premier texte quand il le revisa à tête reposée : la haine de Démosthène pour Philippe n'excluait pas une grande lucidité (voir ci-dessus p. 34, n. 4). Cette note, d'abord marginale, aura ensuite été maladroitement incorporée au texte : aussi l'ai-je attribuée à la seconde version. On pouvait encore lire sous l'Empire la deuxième version de Démosthène dans l'ordre logique. Il suffit de se reporter au passage suivant de Lucien (*Éloge de Dém.*, 38), qui est une véritable paraphrase de notre texte et où Philippe répond presque à la question que pose Démosthène dans l'*Oraison funèbre* (21) : Μὴ γὰρ εἰ παρ' ἐλπίδα, καὶ κακίᾳ στρατηγῶν καὶ στρατιωτῶν ἀταξίᾳ καὶ τῇ παραδόξῳ ῥοπῇ τῆς τύχης, τῇ πολλὰ πολλάκις συνειργασμένῃ, κεκρατήκαμεν, ἀλλ' ἐπὶ

μιᾶς γε ταύτης ἡμέρας, τὸν περὶ τῆς ἀρχῆς καὶ ψυχῆς κίνδυνον ἐπέστησέ μοι : « Si, contre tout espoir, *par l'incapacité des généraux et l'indiscipline des soldats et par un coup inattendu de la Fortune*, qui nous a puissamment aidés en mainte circonstance, *nous n'avions pas remporté la victoire*, en un seul jour il (Démosthène) nous aurait mis en danger de perdre l'empire et la vie » (trad. Chambry). On remarquera que, dans le texte grec, l'auteur isole nettement, par l'emploi de l'article, ce qui relève de la Fortune. — Une confirmation plus générale de notre transposition vient de ce qu'on trouve dès Aristote et pour de longues années, un schéma de phrase uniforme pour opposer ce qui relève de la liberté humaine et ce qui dépend du hasard, *ce dernier étant toujours signalé en second lieu.* Voir par ex. ps.-Plut., *De Fato* 8, 572 E-F (p. 48-49 ed. E. Valgiglio) : ἥ τε προαίρεσις καὶ τὸ ἐφ' ἡμῖν, ἥ τε τύχη καὶ τὸ αὐτόματον; Cic., *Topiques* XVI, 62 « *...aliae autem aut voluntate efficiuntur aut perturbatione animi aut habitu aut natura aut arte aut casu* » (je dois cette dernière remarque et ces deux citations à P. Thillet). Ce schéma se retrouve même dans Plutarque (*Timoléon*, 19, 1).

2. Pour tout ce passage, voir la *Notice*, p. 30-33. Dans la version primitive (*a*) Démosthène s'en prend (ἐγκαλεῖν) aux responsables des Thébains (ἐκείνων). Dans la version revue (*b*), il supprime cette attaque; dès lors la défaite est présentée comme l'œuvre de la Fortune, dont ni les alliés, ni les Macédoniens (que désigne ἐκείνων) ne sauraient être rendus responsables (c'est le sens d'αἰτιάσασθαι). Démosthène équivoque ici sur le sens de ce verbe : appliqué aux alliés, il signifie accuser; appliqué aux Macédoniens, il signifie qu'on ne saurait leur attribuer la *cause* de la victoire (pour cet emploi, voir Platon, *Philèbe*, 22 d).

Page 61.

4. Sur cette image, voir la *Notice*, p. 21, n. 7. Les images se multiplient ici, comme dans le discours de Périclès, avant les paroles de consolation adressées aux Athéniens (Thc., II, 43). On rapprochera tout le passage de la *Quatrième Philippique*, 74, morceau écrit sans doute après Chéronée (cf. *R.E.G.* 82, 1969, p. 658). Démosthène y déplore que la ville « qui, jusqu'à ce jour, était à la tête des autres et tenait le premier rang, maintenant soit plongée dans le discrédit et l'humiliation ».

5. Développement obligé (voir la Notice p. 20, n. 6).

Page 62.

2. Ce mot s'entend du public qui, est-il précisé plus bas, prend plaisir à ces révélations.

3. Il ne s'agit pas de « calomnies », mais de paroles infamantes, malsonnantes, quoique vraies, dont on est contraint de faire usage pour attaquer un coupable. Ce sens, d'origine religieuse, de βλασφημία, apparaît très bien chez Platon (*Lois*, 800 c-e où il s'oppose à εὐφημία) et chez Démosthène (*Arist.*, I, 26, où il s'oppose à εὐφημία et τάξις).

4. Sur cette crainte de l'opinion publique, voir la *Notice* p. 21, n. 2, Platon, *Les Lois*, 698b et Eschine, *Contre Ctés.*, 175.

5. Cette image n'est pas sans précédent : voir Sophocle, *Ant.*, 10.

6. Ce catalogue suit la liste officielle des tribus, telle qu'elle figurait sur les inscriptions funéraires (voir la *Notice*, p. 28, n. 3). Il comprend pour chaque tribu la mention du héros éponyme avec un trait édifiant, puis la leçon d'énergie que les Athéniens en ont tirée. Certaines légendes sont rapportées avec quelque méprise; d'autres d'après des variantes athéniennes du ve et du ive siècle.

7. Selon Apollodore (*Bibliothèque*, III, 15, 8), les Hyacinthides étaient les filles du Lacédémonien Hyacinthos, qui s'était établi en Attique. On les sacrifia pour assurer la victoire des Athéniens sur Minos. Cette version a subi l'attraction d'une autre légende qu'adopte Démosthène en la simplifiant, celle d'Érechtée qui sacrifia, pour triompher d'Eumolpe, la plus jeune de ses filles, que ses aînées suivirent dans la mort en se tuant elles-mêmes (voir Apollod., *Bibl.*, III, 15, 4). C'est peut-être pour faciliter l'assimilation de ces deux légendes que Phrynichos et Phanodémos avaient imaginé, avant Démosthène, que ces jeunes filles prirent, après leur mort, le nom d'Hyacinthides, qu'elles durent à la colline Hyacinthos, lieu de leur supplice (voir Photius et la *Souda*, au mot παρθένοι). Il est remarquable que Lycurgue, féru d'antiquités, ait rapporté cette deuxième légende (*Contre Léocrate*, 98-100), mais sans mentionner la substitution tardive des noms, pas plus, semble-t-il, que ne l'avait fait Euripide dans son *Érechthée*, dont il nous cite un long fragment. On comparera avec la légende de Léos (29) et avec celle de Macaria, fille d'Héraclès, qui s'est dévouée pour assurer la victoire des Athéniens sur Eurysthée (Ar., *Caval.*, 1151, scholie). La confusion était facile, pour un homme pressé, entre toutes ces légendes athéniennes qui ne diffèrent que

par la variante d'une immolation brutale ou d'un dévouement consenti de la victime.

8. Proprement « le droit égal de parole », symbole de la démocratie (voir Dém., *Sur la liberté des Rhodiens*, 18). Dès le VIe siècle Thésée est apparu comme un des champions de l'idéal démocratique et il l'est resté depuis (voir Isocr., *Hél.*, 35-36; Eurip., *Suppl.*, 352-353; Plut., *Thésée*, 25, 1-3 et l'*Intr.* de R. Flacelière, p. 4). Sur l'*iségorie* et les mots de ce genre, on consultera P. Levêque et P. Vidal-Naquet, *Clisthène l'Athénien*, Paris, Les Belles Lettres, 1964, p. 27-32.

Page 63.

2. D'après la tradition reçue, Léos donna ses trois filles comme victimes lors d'une peste (voir Elien, *Hist. var.* XII, 28; Aristid., *Or.*, 13, p. 191, Dind.). La variante de Démosthène, autant qu'à une confusion, peut être due au goût du IVe siècle de muer ces sacrifices d'enfants en dévouements spontanés, comme il apparaît dans la légende des Hyacinthides (27) et dans le rôle d'Iphigénie chez Euripide (voir F. Jouan, *Euripide et les légendes des chants cypriens*, Paris, Les Belles Lettres, 1966, p. 288, n. 2). Phocion, qui parodie Démosthène, cite conjointement, dans Diodore (XVII, 15), la légende des Hyacinthides et des Léontides, en les présentant toutes les deux comme des exemples de sacrifices volontaires (voir *supra*, p. 36) : le nom de Léos (peuple) s'y prêtait.

3. Méprise de Démosthène; Aethra est la mère de Thésée et la *grand-mère* d'Acamas, qui est le fils de Thésée et de Phèdre et l'éponyme des Acamantides. Des copistes, choqués de l'erreur, ont substitué le nom de Phèdre à celui d'Aethra, ce qui rectifie la filiation, mais ne cadre plus avec le contenu de la légende : c'est pour délivrer leur grand-mère Aethra, captive d'Hélène, qu'Acamas et son frère Démophon partirent pour Troie. Ce récit, inconnu de l'Iliade, figurait dans *La Petite Iliade* de Leschès (Paus., X, 25, 8) et dans *La Prise de Troie* d'Arctinos de Milet (fgt. IV, Allen). Il y a tout lieu de penser que l'attribution de la légende à Homère est due, non à Démosthène, mais aux Acamantides.

Page 64.

1. Il s'agit de Dionysos qui, comme dieu olympien, ne peut être nommé dans une cérémonie funèbre. Quant à Oenée (le Vigneron), il n'apparaît jamais ailleurs comme le fils de

Dionysos. Tout au plus rapporte-t-on que c'est à lui le premier que Dionysos fit présent d'un plant de vigne (Apoll., *Bibl.*, I, 8, 1). Sur les rapports primitifs de ces deux divinités, voir R. Hanslik, art. *Oineus*, *RE* XVII², (1937) col. 2199 et H. Jeanmaire, *Dionysos*, Paris, 1951, p. 24-25. Il faut rapprocher de cet Oenée la divinité *Oenoè* dont parle Pausanias (I, 33, 8) et qui est l'éponyme de deux dèmes de l'Attique : l'un, près de Marathon, adjoint à la tribu Acamantide, l'autre, près d'Éleuthères, adjoint à la tribu Hippothoontide. Cette prolifération des divinités du vin n'a rien d'étonnant en Attique.

2. 'Αρχηγός, mot très attesté; on trouve aussi bien ἀρχηγετής (voir Dittenberger, Syll. ³, IV, index). C'est toutefois ce dernier mot qui est le plus employé, semble-t-il, pour désigner les héros éponymes des tribus athéniennes (voir P. Lévêque et P. Vidal-Naquet, *Clisthène*, p. 70, n. 6).

3. Justin (IX, 3, 6) emploie les mêmes termes pour désigner l'alliance de Thèbes et d'Athènes : « *legationibus Graeciam fatigant, communem hostem putant communibus viribus submovendum* ».

4. Cette description de Cécrops, premier roi mythique d'Athènes, né du sol même, est confirmée, entre autres, par Euripide (*Ion*, 1163-1164).

5. Hippothoon, fils clandestin de Poséidon et d'Alopè, la fille du brigand Cercyon, vit Thésée supprimer Cercyon mais lui restituer le royaume de son grand-père dont il devint le héros éponyme (Paus., I, 5, 2; I, 39, 3).

6. Même scrupule que plus haut (§ 30) à citer un olympien dans une cérémonie funèbre. L'interruption de la phrase n'a pas toujours été comprise par les copistes : voir l'apparat. Il arrive assez souvent à Démosthène, en d'autres circonstances, de s'interrompre brutalement (par ex., *Prem. Phil.*, 20).

7. Ajax, fils de Télamon, se vit refuser, après la mort d'Achille, les armes de ce héros : c'est Ulysse qu'on lui préféra (voir l'*Ajax* de Sophocle).

8. Autre façon de dire qu'il se supprima (voir Soph., *Ajax*, 815 et suiv.).

9. Antiochos était le fils d'Héraclès et de Méda, fille de Phylas, roi des Dryopes, que défit Héraclès. Il est à l'origine de la tribu des Antiochides (voir Diod., IV, 37 et Pausanias, X, 10, 1).

10. Transition brusque, comme dans les autres oraisons, au moment de passer des morts aux vivants : voir la *Notice*, p. 18, n. 1.

11. Cette tristesse d'après la défaite devait contraster avec l'allégresse qu'avaient suscitée peu auparavant les espérances fondées sur l'alliance thébaine (*Sur la Cour.*, 217).

Page 65.

2. Voir aussi Thc., II, 46; Platon, *Ménex.*, 249b; mais le texte le plus détaillé sur ce point est encore celui d'Eschine (*Ctés.*, 154-155); il faut n'avoir pas compris l'ironie de ce dernier texte où l'orateur feint de croire que ses contemporains sont indignes d'assumer de si nobles fonctions, pour prétendre que le soin de cette éducation n'existait plus du temps d'Eschine; peut-être cet usage remontait-il à Solon (Diog. Laërce, *Solon*, 55); il est mentionné encore dans Hypéride, *Epit.*, 42).

3. Selon le mot de Platon, l'État « se substitue » aux défunts (*Ménex.*, 249b); or, une des obligations des enfants était la γηροτροφία, l'entretien de leurs parents (texte explicite d'Isée, *Succession de Kiron*, 32; voir aussi Eur., *Alc.*, 662-668). Thucydide ne parle pas de ce rôle de l'État; Lysias n'est pas très explicite (*Epit.*, 75).

4. Lieu commun (cf. Thc., II, 44, 4).

5. Voir Thc. II, 44, 1. Du temps de Démosthène, on s'exprimait moins brutalement que du temps de Thucydide : « Songez que le reste de votre vie sera court », dit Périclès aux vieillards (Thc., II, 43, 4). Sur ces malheurs de la vieillesse, on peut lire Euripide, *Troy.*, 631 et suiv., Xén., *Mém.*, IV, 8, 8; voir aussi Hyp., *Epit.*, 43.

6. Par opposition aux Barbares, au nombre desquels Démosthène met implicitement Philippe (*Trois. Phil.*, 31). Démosthène voulait intéresser la Grèce entière dans la lutte contre son adversaire (voir *supra* 18-19 et les notes). C'est ici le seul passage « oratoire » de notre discours. Le ton n'est pas disproportionné à l'importance de la défaite.

7. Voir la *Notice*, p. 21, n. 4.

8. De pareilles formules se retrouvent chez Isocrate (*Egin.*, 42; *Plat.*, 61; *Ev.*, 3); plus tard, chez Lycurgue (*Contre Léocr.*, 136); Hypéride (*Epit.*, 43). Elles sont moins la marque du scepticisme que le refus de se prononcer dogmatiquement sur l'au-delà. Socrate ne procède pas autrement avant de mourir (voir Platon, *Apol.*, 40c-41; et même *Phédon* 114d, où il reconnaît pourtant que l'âme est immortelle).

9. Même transition dans Thucydide (II, 44, 2); Hypéride, *Epit.*, 41.

NOTES DE L'ÉROTICOS

Page 96.

2. Souvenir du conseil que donne Socrate, dans le *Phèdre* (237b-c), de préciser, dès le début, ce que l'on va dire.

3. La καλοκἀγαθία impliquait à la fois les bonnes manières et la noble extraction. L'auteur revient plusieurs fois sur les qualités de son « héros » : voir en particulier 5 (fin), 23, 35.

4. Reflet bien pâle du *Banquet* de Platon où il est recommandé à celui qui « suit la bonne voie », de considérer « la beauté des âmes comme plus précieuse que celle des corps en sorte qu'un être dont l'âme est équilibrée, n'eût-il que peu de fraîcheur, lui suffise pour qu'il lui témoigne son amour et ses soins » (*Banquet*, 210a-b-c).

5. Sur cette crainte de l'opinion publique, voir les conseils apaisants de l'amant dans le discours de Lysias (Platon, *Phèdre*, 231e, 232b).

6. Ce βιβλίον, où l'on consigne un discours écrit, est souvent mentionné, et d'abord dans le *Phèdre* 228b, 230d, 275c; voir aussi Alcidamas, *Sur les Sophistes*, I διὰ βιβλίων δεικνυντες τὴν αὐτῶν σοφίαν; *ibid*, 28 : λόγος ... ἐκ βιβλίου θεωρούμενος.

7. Le mot de λεκτικός appartient à la rhétorique; son sens ne s'éclaire que dans un contexte : chez Aristote (*Rhét.*, III, 8, 1408b 33 et *Art poétique*, IV, 1449a 24) il désigne les mètres qui sont propres au dialogue, par opposition aux mètres plus relevés. Ici, il désigne les discours faits pour être *prononcés* (c'est un sens de λέγειν) par opposition aux discours écrits. Sur cette opposition des deux formes d'éloquence, voir la *Notice* p. 82, n. 8 et 9.

Page 97.

2. Certains critiques veulent adopter ici la leçon du seul manuscrit Q « qu'*il* souhaitait » (*il* désignant l'auteur). Crönert qui la défend (*Göttingische gelerhte Anzeigen*, 1907, p. 272), se fonde sur elle pour imaginer une véritable mise en scène : notre discours serait une lettre que son auteur aurait chargé un tiers de lire à son destinataire, Épicrate. Cette interprétation est indéfendable. Outre que le sujet de ἐβουλήθη serait beaucoup trop éloigné (voir 1, 1, ὁ τὸν λόγον ποιῶν), il n'y a pas lieu de torturer le texte de ce préambule pour faire à tout prix une lettre de ce discours (voir la *Notice*, p. 78). Démosthène a eu l'idée piquante de faire intervenir brusque-

ment le jeune Épicrate qui va entendre un discours écrit en son honneur, discours qu'on aurait tout aussi bien déclamé en son absence. Comparer avec l'arrivée opportune de certains personnages dans les dialogues de Platon, par ex., le *Banquet*, 174e.

3. Début identique à celui de l'*Evagoras* d'Isocrate.

4. Le mot ὄψις désigne l'apparence de quelqu'un, son physique; il est fort employé par l'auteur (3, 8, 11, 12, 16); mais il ne lui est pas propre : voir par ex. Ménandre fgt. 568 (Koerte).

5. Sur ce mot, voir la *Notice*, p. 76, n. 7.

6. Expression toute faite : voir *Notice* p. 81, n. 8. Cette difficulté de distinguer les amours honnêtes et les amours vulgaires rappelle les propos de Pausanias dans le *Banquet* de Platon (184d).

7. Le mot ἔθνος est une correction heureuse de Reiske pour ἔθος qui n'offre pas de sens. Ce mot de ἔθνος comporte rarement une nuance péjorative dans cet emploi, contrairement à γένος (voir Isocrate, *Sur l'Échange*, 288). Il n'est pas étranger à l'usage de Démosthène, voir *Contre Aristocrate*, 146 et la note de Louis Gernet (Démosthène, *Plaidoyers politiques*, Les Belles Lettres, t. 2, p. 193).

8. Souvenir d'un passage du *Phèdre* (232b) où Lysias oppose les orages des passions à la solidité des amitiés bien entendues. Seulement, par un véritable chassé-croisé, ces amitiés-là désignent chez Lysias l'amour sensuel et, dans l'*Eroticos*, les attachements, disons platoniques.

Page 99.

4. L'auteur se souvient, en l'affaiblissant, de l'éloge de la Beauté en soi que fait Socrate dans le *Banquet*, 211a. On rapprochera aussi le « désir immortel », inspiré par la beauté, de ce « désir d'immortalité » mentionné par Socrate (*ibid.*, 208e).

5. Comme dans le français *fleur de jeunesse*, le mot ἄνθος et quelques dérivés comme ἀνθηρός s'emploient métaphoriquement : voir Platon, *Banquet*, 210b. La phrase se termine avec deux membres égaux (ἴσα) qu'on ne peut rendre qu'en prenant quelque liberté.

Page 100.

3. « L'un est vaillant, mais prompt; l'autre est prudent, mais froid », dit La Fontaine (*Fables*, VIII, 25, *Les deux chiens et l'âne mort*). Voir aussi Isocrate, *Hélène*, 21.

4. Cette insuffisance de la parole revient souvent dans les éloges : voir Démosthène, *Epit.*, 1.

Page 102.

2. Sur ce silence calculé, destiné à attirer l'attention, Xénophon a écrit de jolies lignes (*Mémorables* IV, 2, 6).

3. L'affabilité du jeune homme qui, dans le plan annoncé au § 8, devait suivre le développement sur le courage, est mieux venue à cette place. Sur cette courtoisie dans le langage, voir [Isocr.], *A Démonicos*, 20.

Page 103.

3. Le mot ἄσκησις est réservé aux exercices du corps (le sens d'*ascèse* est plus tardif : voir P. Chantraine, *Dictionnaire étymologique*... s.v. ἀσκέω) ; c'est le mot de μελέτη qui convient, à l'époque classique, aux exercices intellectuels (voir ci-dessous 40 et 47; toutefois au § 25 il désigne l'entraînement physique).

4. Démosthène prête à son héros, en les amplifiant, les mêmes dédains pour les épreuves athlétiques que professe Alcibiade dans le discours *sur* l'*Attelage* d'Isocrate (33) : Isocrate parle simplement de certains athlètes de « basse naissance »; Démosthène, d'athlètes « esclaves ». En fait, il doit s'agir, dans ce dernier cas, d'une exagération. Pour les jeux panhelléniques, en effet, il fallait être de naissance libre et grec; il en était de même pour les jeux locaux, propres à certaines cités; seule, l'obligation d'être citoyen de ces villes n'était pas, à l'époque de Démosthène, aussi stricte qu'auparavant. En tout cas, libre et grec, on pouvait très souvent être d'humble naissance, même avant le ɪvᵉ siècle. Aristote (*Rhét.*, 1, 7, 1365a, 26; I, 9, 1367b, 18) et Athénée (IX, 382b) parlent de marchands de poissons et de cuisiniers qui se sont distingués à Olympie.

5. Sur la voltige, voir l'*Appendice,* p. 135.

6. Ces récriminations contre les jeux athlétiques étaient traditionnelles. Déjà Platon déplorait la somnolence et la mauvaise santé des athlètes (*République*, 404a). Dans sa pièce de l'*Autolycos*, Euripide avait remarqué de son côté l'incapacité des athlètes de supporter la fortune contraire et le pitoyable délabrement de leur corps une fois venue la vieillesse (voir fgt. 282 Nauck², 4-12).

Page 104.

3. Il s'agit évidemment de l'Iliade : chez Homère en effet la voltige n'est pas un jeu; elle est seulement une façon de

combattre, dont le poète ne devait d'ailleurs pas avoir une grande expérience, d'après E. Delebecque, *Le cheval dans l'Iliade*, Paris, 1951, p. 92-95. Sur la façon de monter et de descendre en marche d'un char, voir l'*Iliade*, III, 29; VI, 103; XI, 94, ...; XII, 81; XIII, 385.

4. Les vertus de l'entraînement sportif sont célébrées en des termes identiques par Platon (*Lois*, VIII, 829e; voir aussi Pindare, *Ol.*, VIII, 60-64).

5. Précaution oratoire traditionnelle; comparer avec l'*Epit.*, 6; voir aussi Isocr., *Panég.*, 66; Sophocle, *Electre*, 688-689.

Page 105.

2. Même tournure dans le *Panégyrique* d'Isocrate (72) ἀμφοτέρων κρατήσαντες ὡς ἑκατέρων προσῆκεν (elle est reprise par Lycurgue, *Contre Léocr.*, 70).

3. Souvenir de l'*Electre* de Sophocle où l'on voit des « coursiers qui, rebelles au mors, s'emballent, et, faisant volte-face en accomplissant leur sixième et bientôt leur septième tour, heurtent de front » un autre char. Le récit, peu net, de l'*Eroticos* laisse supposer que le char « adverse », après avoir fait demi-tour, heurte le char qui n'a pas encore tourné. La route de l'Agora, où se passe la course à Athènes (voir l'*Appendice*), favorisait de semblables chocs, plus encore que les hippodromes.

4. Le mot et l'image sont pris à Sophocle (*Electre*, 730). En revanche la mention rapide des spectateurs est peut-être un écho affaibli de l'Iliade (XXIII, 457).

5. Eaque et Rhadamante, l'un fils de Zeus et de la nymphe Egine (Eurip., *Iphig. à Aul.*, 697 sqq.), l'autre de Zeus et d'Europe (*Iliade*, XIV, 322) sont rapprochés souvent, par ex. par Platon (*Apol.*, 41a et *Gorgias*, 524) qui rappelle le rôle de juges exercé par eux aux Enfers pour prix de leur sagesse. Isocrate avait aussi célébré Eaque (*Evagoras*, 14 sqq.).

6. Héraclès, fils de Zeus et d'Alcmène; Castor et Pollux, fils de Zeus et Léda (sur les variantes touchant leur naissance, voir F. Jouan, *Euripide et les légendes des chants cypriens*, Paris, Les Belles Lettres, 1966, p. 153). On connaît l'apothéose d'Héraclès consécutive à ses travaux (voir par ex. Sophocle, *Trach.*, 756 sqq.); quant à celle de Castor et Pollux, nul ne l'a mieux célébrée que Pindare (*Ném.*, X, 73 sqq.).

Page 106.

2. La liste en serait longue : on peut citer Europe enlevée par Zeus, le jeune Cyparissos aimé d'Apollon... et aussi, parmi les hommes qui ont plu à des déesses, Anchise aimé d'Aphrodite et Paris recherché par trois rivales.

3. Dès Homère, c'est un trait général de la peinture des caractères que de déplorer, chez l'homme, la limite de ses facultés (voir F. Robert, *Homère*, Paris, 1950, p. 214 sqq.). On rappellera seulement l'opposition de Ménélas et d'Ulysse dans l'*Iliade* (III, 209-215) : « Tant qu'ils étaient debout, Ménélas dépassait l'autre de toutes ses larges épaules; quand ils s'asseyaient, en revanche, Ulysse était plus imposant. Mais l'heure venue d'ourdir pour le public les idées et les mots, Ménélas sans doute parlait aisément... » (trad. Mazon). — Cf. aussi Isocr., *Hél.*, 21.

4. Le jeune homme n'étant pas issu d'une grande famille, l'auteur fait rejaillir la gloire de son héros sur ses ancêtres.

5. Les rapports de la parenté et de l'amitié ont été aussi étudiés par Aristote dans l'*Ethique à Nicomaque* (principalement, VIII, 7 et VIII, 9); toutefois, jamais il ne les oppose l'une à l'autre comme ici. C'est seulement dans le *Démonicos* du pseudo-Isocrate que l'on trouve mentionnées les mêmes idées qu'ici; ce devait être un lieu commun (ni plus ni moins que les autres « maximes » de ce médiocre traité). Cicéron ne s'est pas fait faute de le développer — non sans finesse — dans son opuscule *sur l'Amitié* (19).

6. Il faut lire évidemment non pas εὐδαιμονῆσαι mais ἐνευδαιμονῆσαι, qui est d'ailleurs attesté dans des manuscrits, en particulier Y. La confusion de l'initiale ἐνευ- et de l'initiale εὐ- s'explique fort bien dans l'onciale comme dans la minuscule. L'emploi des verbes à l'infinitif comportant le préverbe ἐν- est très fréquent dans les tournures de ce genre-là : voir la grammaire de Kühner-Gerth[3], II, 14, A. 12, qui cite, entre autres, Dém., *Cour.*, 198.

7. On notera dans cette phrase des jeux symétriques de sonorités (ἡδονὴν ἐξαπατηθῆναι καλὴν d'une part; ἀρετὴν ἐνευδαιμονῆσαι de l'autre) : la traduction ne peut rendre ces procédés qu'au prix de quelque liberté.

8. Lieu commun qu'on trouve déjà en partie chez Thucydide (II, 35), mais traité avec plus d'ampleur et dans un autre esprit. Il est repris en des termes assez proches de Démosthène par Lucien (*Les Portraits*, 12).

Page 108.

3. Socrate avait dit la même chose, mais en termes beaucoup plus graves (voir Platon, *Apol.*, 29d); c'est vite devenu un lieu commun : voir [Isocrate], *A Démonicos*, 29.

4. 'Ανδραγαθία, mot dont le sens est très extensif, (*zèle, fermeté, mérite*) et qui figure souvent dans les décrets honorifiques : voir par ex. Dém., *Androtion*, 72; et Dittenberger, Syll.[3], IV, p. 213 (*Index* s.v.).

5. Idée platonicienne, mais que l'auteur a plus probablement puisée chez Isocrate (voir *Sur l'Échange*, 209 où les termes sont identiques : τὰς τέχνας εἰδότες ταῖς μελέταις καὶ ταῖς φιλοπονίαις ἁλισκομένας).

Page 109.

2. Voir Platon, *Philèbe*, 55e-56a : « Il ne restera plus après cela qu'à recourir à la conjecture et à exercer ses sens par l'expérience et la routine, en y adjoignant ces facultés divinatoires auxquelles beaucoup de gens donnent le nom d'arts, lorsqu'elles ont acquis de la force par l'exercice et le travail » (trad. Chambry). Bien qu'il fasse sonner le nom de la philosophie, l'auteur de l'*Eroticos* ne s'élève pas, comme on voit, au-dessus des arts mécaniques pour lesquels Platon professe un mépris hautain.

3. Tout ce passage est presque calqué sur Isocrate (*Sur l'Échange*, 189-191).

4. Cette exaltation des dons naturels opposés aux qualités acquises se trouve déjà chez les lyriques : voir Pindare, *Ném.*, I, 25 et III, 40-42. Mais ce n'est pas à eux que l'auteur a emprunté ces idées : voir la *Notice*, p. 74.

5. Voir Isocrate, *Sur l'Échange*, 292. La construction εὐτυχία avec un génitif équivalant à un complément prépositionnel (on trouve ἡ κατὰ πόλεμον εὐτυχία dans Thucydide I, 120) a son pendant en grec pour beaucoup d'autres mots : voir la grammaire de Kühner-Gerth[3], II, 1, 335, A. 4, où il est précisé que la tournure est surtout poétique.

6. Écho affaibli du passage du *Protagoras* de Platon, où Socrate montre (313a-b) quel soin on doit prendre de son âme au moment de se confier à un maître.

7. L'idée et le mot se retrouvent chez Isocrate, *Evagoras*, 41.

8. Même souci de la réalité que chez Isocrate (*Hélène*, 5; *Panégyrique*, 47). Au reste il entrait dans le programme de

beaucoup de sophistes d'enseigner l'éloquence politique : voir Isocrate, *Contre les Sophistes*, 9.

9. L'expression vient de Platon (*Phèdre*, 269d). Pour l'idée, voir la *Notice*, p. 73.

Page 110.

4. L'exemple, cité ci-dessus, du *Philippe* (qui est de 346 : voir éd. Mathieu, Paris, Les Belles Lettres, p. 8), montre qu'il ne faut pas exagérer l'idéalisation d'Alcibiade au IVe siècle, malgré P. Wendland, *Anaximenes von Lampsakos*, 1905, p. 77, n. 5. Toutefois on lit dans le discours *contre Midias* de Démosthène un passage étrange (143-148) qui passe peut-être à tort pour suspect, et où l'auteur se refuse à juger Alcibiade selon la morale commune. On ne trouve pas dans l'*Eroticos* le même procédé, mais la même indulgence : le texte de l'*Eroticos* combine l'affirmation qu'Alcibiade était le disciple de Socrate — soutenue par ceux, comme Polycrate, qui voulaient perdre le philosophe (voir Isocrate, *Busiris*, 5) — avec le souci, dépouillé de toute polémique, de réhabiliter Alcibiade. Cela ne va pas sans quelque entorse à la chronologie : si Alcibiade se « pervertit », c'est précisément en échappant à l'influence de Socrate dont il reconnaît encore la toute-puissance dans le *Banquet* de Platon (216a-b). Voir sur cet « échec » de Socrate, J. Hatzfeld, *Alcibiade*, Paris, 1940, p. 56-58.

5. Timothée est l'un des plus célèbres disciples d'Isocrate, celui qu'assurément il prisa le plus, parce qu'il avait ce qui lui manquait à lui, la hardiesse. Voir sur sa carrière et ses mérites l'éloge que lui consacre Isocrate dans le discours *sur l'Échange* (101-140). C'est là que l'auteur de l'*Eroticos* a été prendre l'exemple de cet homme. Timothée fut en effet fort honoré de son vivant même et après sa mort : on lui éleva une statue sur l'Agora après sa victoire d'Alyzia en 375 (voir Xén., *Hell.*, V, 4, 65; Démosthène, *Contre Aristocrate*, 198; Eschine, *Contre Ctésiphon*, 243). Une autre statue lui fut élevée sur l'Acropole (Paus., I, 24, 3). Il ne connut pas Isocrate dès l'adolescence; c'est surtout à partir de 378 que le maître et le disciple travailleront de concert (voir G. Mathieu, *Les Idées politiques d'Isocrate*, Paris, 1925, p. 84-85). Néanmoins, il y a quelque exagération à attribuer tous les mérites de Timothée aux leçons d'Isocrate. Dès 394 en effet, avant d'être lié à Isocrate et d'avoir atteint sa majorité, il se distingua en Asie aux côtés de son père, ce qui lui valut l'honneur d'une

première statue (Paus. VI, 3, 16). Toutefois ses qualités morales, unanimement prisées, ne sont peut-être pas sans rapport avec les leçons de son maître (voir Xén., *Hell.*, V, 4, 64; Cornélius Népos, *Timothée*, 4, 2; Elien, *Hist. var.*, III, 16). On sait que Démosthène n'avait pas, au fond de lui-même, beaucoup d'inclination à honorer les vivants de la sorte (voir *Contre Aristocrate*, 198; *Sur l'Organisation financière*, 20 et suiv.); néanmoins, dans ces passages, ce ne sont pas les grands hommes qu'il critique, mais le peuple, qui, selon son expression, se dépossède ainsi de sa gloire (*Contre Aristocr.*, 198). Donc, en louant ici Timothée, Démosthène ne se déjuge pas. En revanche, ce qui peut surprendre davantage chez lui, c'est l'éloge qu'il fait d'Isocrate, auquel il était fort opposé, surtout à partir de 344/3 (voir G. Mathieu, *Les idées politiques d'Isocrate*, Paris, 1925, p. 166-167 et p. 198, dont les conclusions demeurent bonnes, malgré les réserves de P. Cloché, *Isocrate et son temps*, Paris, 1963, p. 125-126). En fait, dans l'*Eroticos*, Démosthène ne juge pas la politique d'Isocrate après 344, mais tout au plus son influence de « sophiste » sur ses élèves. Il faut en outre faire sur ce point et sur quelques autres, la part de la rhétorique dans ce passage de l'*Eroticos* : ainsi, il n'est rien dit du procès pour trahison qui assombrit les derniers jours de Timothée (voir Isocrate, *Sur l'Échange*, 129).

6. Il est vrai que la réputation d'Archytas se répandit dans tout le bassin méditerranéen, témoin sa flotte qui avait accès partout (voir Florus, I, 18, 3; consulter aussi P. Wuilleumier, *Tarente*, 1939, p. 73 et suiv.). Mais, plutôt que d'attribuer ce prestige à l'influence de Platon, mieux vaut relever l'influence inverse d'Archytas sur Platon lui-même (voir P. Wuilleumier, *ibid.*, p. 68). Si malgré certains biographes, il n'était pas encore à la tête de Tarente en 388 lors du premier séjour de Platon en Sicile (Platon enveloppe dans la même réprobation l'Italie et la Sicile dans la lettre VII, 326b), s'il ne gouverna que plus tard entre 366 et 361 (voir P. Wuilleumier, *loc. cit.*, p. 68-69), la trace du moins de son influence sur Platon apparaît dès la *République* (voir Diels-Krantz, *Fragmente der Vorsokratiker*[9], I, 47 B 1, p. 432 n. 8), c'est-à-dire vers 375 : sur cette date voir l'*Introduction* de la *République* par A. Diès (Paris, Les Belles Lettres, p. cxxxviii). Toutefois, très vite Archytas put passer pour un disciple de Platon (voir *Archimedis opera*, éd. Heiberg, t. 3, p. 90-91, où on lit un texte du pseudo-Eratosthène qui le représente siégeant en compagnie d'Eudoxe à l'Académie; voir aussi Diels-Krantz, *op. cit.*, p. 427, 15).

7. Même transition chez Isocrate (*Panégyrique*, 150).
8. Même idée chez Xénophon, *Mémorables*, IV, 2, 2.

Page 111.

3. Bien qu'il se récuse pour enseigner la philosophie, l'auteur n'entend pas en diminuer les mérites, sur lesquels il s'est étendu précédemment (45-46).
4. L'exemple de Solon est emprunté au discours *sur l'Échange* d'Isocrate (231-232 et 235).
5. En fait, la guerre contre Mégare est inséparable de la conquête de Salamine : Solon, aux alentours de 612, poussa les Athéniens à reprendre aux Mégariens l'île de Salamine dont la possession était depuis longtemps un enjeu entre Athènes, Eleusis et Mégare. (voir Plutarque, *Solon*, 8; Démosthène, *Sur l'ambassade*, 252, où l'on trouve employé, pour le recouvrement de Salamine, le verbe κομίζεσθαι qui a son pendant dans le κομιδή de l'*Eroticos*).
6. Solon ne légiféra en effet qu'après s'être rendu célèbre par ses entreprises militaires, si discutée que soit la date de son archontat, qu'on place entre 594 et 591 (voir Kirchner, *Prosopographia attica*, n° 12806, p. 260, où l'on trouvera les témoignages antiques). L'affirmation que Solon fit des lois pour la majorité des Grecs est une exagération rhétorique : le « tour du monde » que fit Solon après son archontat et qui le conduisit en Égypte et en Chypre (voir Aristote, *Constitution d'Athènes*, XI, 1, XIII, 1; Plutarque, *Solon*, 25-26) entra vite dans la légende, et fut très vite complété par l'imaginaire entrevue de Solon et de Crésus dont parlent Hérodote (*Histoires*, I, 29-33) et Plutarque (*Solon*, 27-28). Désormais Solon passa pour avoir un peu partout prodigué des conseils et donné des lois (voir Plutarque, *Solon*, 27, 3).
7. Si Démosthène utilise ici le mot de *sophiste* dans un sens ancien et favorable, c'est qu'avant lui Isocrate l'avait utilisé déjà pour Solon (*Sur l'Échange*, 235; voir aussi Hérodote, *Histoires*, I, 29). Ordinairement, c'est le mot de σόφος qui désigne les *Sept Sages* : voir Diels-Krantz, *Fragmente der Vorsokratiker*[9], I, 10, p. 61 et suiv.; un seul exemple de σοφιστής dans l'index (*ibid.*, IV, p. 397). Solon figure dans toutes les listes, pourtant pleines de variantes, des *Sept Sages* que nous connaissons.
8. Ce discrédit de la philosophie est plutôt un souvenir des plaintes d'Isocrate (voir *Sur l'Échange*, 2 et suiv.) que des récriminations de Platon (*République*, 489d).

Page 112.

4. Même souci de l'opinion publique dans le discours de Lysias du *Phèdre* (234b).

5. Tournure analogue à la fin de l'*Archidamos* d'Isocrate (87).

Page 113.

2. Il n'y a pas lieu de changer le texte des manuscrits, sous prétexte que les deux constructions τὸ ἐμὸν ἦν ἔργον d'une part, σὸν δὲ d'autre part, sont dissymétriques, ἔργον étant sujet dans l'une, σὸν δ' (ἔργον) étant attribut dans l'autre. Sans doute la construction attributive de ἔργον avec l'infinitif est-elle très fréquente; mais le grec s'accommode aussi très bien de la tournure, proche du français, où τὸ ἔργον est sujet : « mon rôle est de... ». Rapprocher Démosthène, *Prologues*, XVII (XVIII) ἡ μὲν οὖν ἀρχὴ τοῦ σκοπεῖν ὀρθῶς ἐστιν μὴ... Quant à la dissymétrie de τὸ ἐμόν et de σόν, elle n'a rien de choquant à cause de la disjonction τὸ — ἐμόν qui isole bien ἐμόν. Inutile donc de changer τὸ en τοῦτο comme Rennie, ni surtout de lire ὃ — πέπρακται comme Blass. — Pour les idées, on rapprochera Isocrate, *Evagoras*, 80.

3. Même tournure chez Isocr., *Panég.*, 6, σκοπεῖν καὶ φιλοσοφεῖν.

4. Rapprocher, Platon, *Phèdre*, 232d.

5. Formule traditionnelle en fin de lettre qui alterne avec ἔρρωσο. A l'époque impériale on trouve plutôt διευτύχει (voir Crönert, *Göttingische gelehrte Anzeigen*, 1907, p. 272, n. 1).

APPENDICE SUR LA VOLTIGE

(*Éroticos*, 22-29).

I

La voltige était aux temps classiques une survivance des combats homériques. A une époque où les chars de combat n'existaient plus dans les armées, elle les utilisait dans les jeux en imposant aux concurrents (**ἀποβάται**) de monter et de descendre en marche (**ἀποβαίνειν**) d'un char qui était conduit par un cocher (**παραβάτης**), associé au voltigeur. Au dire de Théophraste (voir Harpocration, art. **ἀποβάτης**), seuls les Athéniens et les Béotiens pratiquaient ce jeu. Sans être aussi explicite, c'est ce que laisse entendre l'auteur de l'*Éroticos* (§ 25). Le fait est que pour la Grèce même nous avons des documents archéologiques provenant surtout d'Athènes et d'Oropos, dont on sait les rapports étroits avec la Béotie.

A Athènes, la course faisait partie de la procession des Panathénées. A. Martin (*D S* art. *Hippodromos*, III, 1, p. 204a) conjecturait qu'elle ne se déroulait pas dans l'hippodrome mais pendant la procession, « par exemple sur l'Agora. Cette opinion pourrait, dit-il, s'appuyer sur le fait que le jeu de l'apobate se trouve représenté sur la frise de la cella du Parthénon; et cette frise reproduit, non pas comme on l'a cru, les concours, mais la procession des Panathénées ». Cette présomption est confirmée par la découverte récente d'un relief d'apobate du ɪᴠ^e^ siècle, qui figure au musée de l'Agora (S 399) et qui fait dire aux auteurs du guide américain de l'Agora (*The athenian agora* [2], 1962, p. 133) : « La course avait lieu sur la route Panathénaïque de l'Agora, et le monument du vainqueur doit avoir été élevé près du lieu de la course » (il a été trouvé au sud de la Stoa d'Attale). Cette course était réservée aux Athéniens, distinction d'autant plus éclatante qu'aux fêtes des Panathénées d'autres jeux équestres admettaient des Grecs étrangers à Athènes (voir A. Martin, article *Equites*, *D S* II, p. 759). De cette particularité, mentionnée dans l'*Éroticos* (§ 23), il résulte que la course qui y est décrite se passe à Athènes, mais entremêlée de détails pris à la simple course de chars racontée dans l'*Électre* de Sophocle. — Sur le prestige de la voltige au temps de Démosthène, on peut citer le témoignage de Plutarque, qui signale que le fils de Phocion remporta le prix (Plut. *Phoc.*, 20).

Les voltigeurs étaient armés; ils portaient au moins un casque et un bouclier, comme il apparaît soit sur la frise du Parthénon (consulter A. Michaelis, *Der Parthenon*, p. 246 (XVII, 57) et p. 247 (XXII, 64) et A. H. Smith, *The sculptures of the Parthenon*, p. 57 et 59); soit sur un bas-relief d'Oropos, qui est au musée de Berlin, et daté de la fin du ve siècle par G. E. Rizzo, *Bolletino d'arte*, XXXI, 1938, p. 348; soit sur un piédestal orné d'un relief, trouvé à Athènes et mentionné ci-dessus. La nudité des corps de toutes ces sculptures est une convention artistique; il est probable que les concurrents portaient une cuirasse, comme le suggère un passage de l'*Éroticos* (§ 24) [1].

II

Illustration du passage sur la voltige (*Éroticos*, 22-29) par des plaques du Parthénon reproduites ci-contre et figurant dans la collection du *Musée Britannique.*

1. Les curieux pourront consulter l'article ἀποβάτης de Reisch, *RE* I (1894), col. 2814; et surtout, pour les origines religieuses de la course, F. Vian, *La guerre des Géants*, p. 247-248.

I = plaque XII (45-47), côté Nord. Cocher et guerrier.

II = plaque XXX (74), côté Sud. Guerrier muni de son casque et de son bouclier. Remarquer les chevaux admirés par Ruskin, en plein mouvement [1].

I

II

1. ... ἁπάντων δ' ἀνυπόστατον οἰομένων εἶναι τὴν τῶν ἵππων δύναμιν... (*Er.*, 28).

TABLE DES MATIÈRES

Ce volume,
de la Collection des Universités de France,
publié aux Éditions Les Belles Lettres,
a été achevé d'imprimer
en décembre 2002
sur presse rotative numérique
de Jouve
11, bd de Sébastopol, 75001 Paris

N° d'édition : 4483
Dépôt légal : *décembre* 2002

Imprimé en France